MENTOR ABITUR-HILFE

Band 599

Latein

Oberstufe

Übersetzen mit System

Mehr Erfolg mit der richtigen Technik

Mit Musterübersetzungen und ausführlichem Lösungsteil

Mit Lerntipps!

Johannes Auffarth
Dr. Friederike Hausmann

mentor Verlag München

In Zusammenarbeit mit Langenscheidt

Über die Autoren:

Johannes Auffarth: Lehrer für Latein, Griechisch, Ethik und Geschichte am Gymnasium, Fachleiter für Geschichte

Dr. Friederike Hausmann: Lehrerin für Latein und Geschichte am Gymnasium, Fachbuchautorin, Übersetzerin

Redaktion: Elisabeth Güll

Illustrationen: Margarethe Rief, Obersöchering

Layout: Barbara Slowik, München

Titelgestaltung: Iris Steiner, München

Umwelthinweis: Gedruckt auf chlorfrei gebleichtem Papier.

Auflage:	6.	5.	4.	3.	2.	Letzte Zahlen
Jahr:	05	04	03	02	01	maßgeblich

© 1998 by Mentor Verlag GmbH, München

Das Werk und seine Teile sind urheberrechtlich geschützt. Jede Verwertung in anderen als den gesetzlich zugelassenen Fällen bedarf deshalb der vorherigen schriftlichen Einwilligung des Verlages.

Satz/Repro: OK Satz GmbH, Unterschleißheim
Druck: Druckhaus „Thomas Müntzer", Bad Langensalza
Printed in Germany · ISBN 3-580-63599-9

Inhalt

Vorwort		5
So lernen Sie, Lateinisch zu denken …		5
So ist dieses Buch zu benutzen …		5
Zeichen und Markierungen		6

A Die Bausteine des lateinischen Satzes … 7

1. Unterschiede zwischen lateinischem und deutschem Satzbau … 7
2. Die lateinische Rahmenstellung: Subjekt und Prädikat … 9
3. Prädikat und Objekt als Bausteine … 10
4. Satzerweiterungen … 12
   - 4.1 Adverbiale Bestimmungen … 12
   - 4.2 Attribute und Appositionen … 14

B Der Bauplan des lateinischen Satzes … 17

1. Der römische Rundbogen: Normalsatz und rhetorische Wortstellung … 17
2. Satzüberleitungen: Konjunktionen, Pronomina … 22
3. Reihungen … 24
4. Ars legendi oder die Kunst, richtig zu lesen … 28

C Die großen Stolpersteine: A.c.i., die Partizipialkonstruktionen und die nd-Formen … 31

1. Der Akkusativ mit Infinitiv (A.c.i.) … 32
   - 1.1 Funktion und Signale … 32
   - 1.2 Die Übersetzung des A.c.i. … 37
   - 1.3 Der A.c.i. als Baustein im Satz … 38
2. Partizipialkonstruktionen … 46
   - 2.1 Das Participium coniunctum … 48
     - 2.1.1 Die Übersetzung des Participium coniunctum … 49
     - 2.1.2 Das Participium coniunctum als Baustein … 50
     - 2.1.3 Das Participium coniunctum in anderen Kasus … 56
   - 2.2 Der Ablativ mit Partizip (AmP) … 57
     - 2.2.1 Die Übersetzung des AmP … 57
     - 2.2.2 Der AmP als Baustein … 58
   - 2.3 Häufung von Partizipialkonstruktionen … 64
3. Die nd-Formen … 66
   - 3.1 Die Übersetzung: nd-Formen als Prädikat … 67
   - 3.2 Die Übersetzung: nd-Formen als Substantiv oder Adjektiv … 69

D	Die Architektur der lateinischen Satzperiode	72
1.	Haupt- und Nebensatz: Signale	72
2.	Die übersichtliche Satzperiode	77
3.	Die Schachtelperiode	82
	3.1 Einfache Schachtelsätze: Hauptsatz, von Nebensatz unterbrochen	82
	3.2 Ineinander verschachtelte Nebensätze: Nebensätze, von Nebensätzen unterbrochen	86
	3.3 Hauptsatz, durch Nebensätze mehrmals unterbrochen	90
4.	Kombinierte Satzperiode: Struktur komplizierter Satzperioden mit mehr als drei Sätzen	93

E	Text und Kontext	100
1.	Bewusstes Lesen des Textes	101
2.	Einbeziehen des Kontextes	104
3.	Textbefragung: mehrdeutige Wörter	107
4.	Überprüfung des Verständnisses durch Fragen	110

Lerntipps ... 112

Quellenhinweise ... 119

Grammatischer Anhang ... 121

Lösungsteil ... 137

Stichwortverzeichnis ... 181

Benutzerhinweise

Diese Symbole begleiten Sie durch das ganze Buch. Sie stehen für:

 praktischer Hinweis zur Vorgehensweise

 Übung

 wichtige Erklärung und Grundregel zum Lernen

→ Querverweis auf andere Kapitel oder den Anhang

 Kurzdefinition und Merksatz

Hallo, liebe Schülerin, lieber Schüler,

so lernen Sie, Lateinisch zu denken ...

Sie greifen vermutlich zu diesem Buch, weil Sie Schwierigkeiten beim Übersetzen lateinischer Texte haben. Während bei der Erlernung der lateinischen Sprache zunächst grammatikalische Einzelprobleme im Vordergrund stehen, bietet die Übersetzung zusammenhängender, immer komplexerer Originaltexte neue, z. T. verwirrende Schwierigkeiten. Hier wollen wir ansetzen.

Übersetzen ist eine Kunst. Wie für jede Kunst braucht man dazu bestimmte handwerkliche Techniken.

Dabei **genügt es nicht**, die **Vokabeln** der letzten Jahre oder **einige Grammatikkapitel zu wiederholen**. Die Kenntnisse der Grammatik und der Vokabeln sind sozusagen die Werkzeuge, die Sie zwar besitzen, aber nicht richtig handhaben können. Möglicherweise lesen Sie den lateinischen Text mit dem **„Raster" der deutschen Sprache** im Kopf, ohne sich die wichtigsten Regeln des **lateinischen Satzbaus** klargemacht zu haben.

Jede Sprache hat ihren eigenen, spezifischen „Bauplan".

Mit dem Baumeister und seinen kleinen Gehilfen, die Sie durch dieses Buch begleiten, werden Sie lernen, mit dem **richtigen „Plan"** zu arbeiten. Eine römische Villa ist schließlich nicht wie ein modernes Hochhaus gebaut!

Wenn Sie nun mit uns gemeinsam die **einzelnen Übersetzungsschritte durcharbeiten**, wenn Sie lernen, von der **Rohübersetzung** bewusst Schritt für Schritt, statt hastig und kopfüber, an den Text heranzugehen, werden Sie bald bereits beim Lesen **ganz automatisch** diese Schritte vollziehen.

Das Erstaunliche bei dieser Vorgehensweise ist, dass Sie gar **nicht unbedingt ganz sattelfest in allen Grammatikfragen** zu sein brauchen, dass Sie manche unbekannte Vokabel ruhig mal beiseite lassen können, ohne dass gleich die ganze Übersetzung „kippt" oder Sie den Faden verlieren. Sie werden sogar – so hoffen wir – erkennen, dass Übersetzen ein aufregendes Spiel sein kann, eine Schatzsuche nach den vielfältigen Ausdrucksmöglichkeiten der lateinischen und – vielleicht mehr noch – unserer eigenen Muttersprache.

So ist dieses Buch zu benutzen ...

Wir wollen Ihnen helfen, richtig und mit Spaß zu übersetzen. Gerade deshalb werden wir in diesem Buch zunächst kaum so übersetzen, wie Sie das bisher gewohnt waren.

Stattdessen stellen wir Ihnen **Übungen** vor, mit deren Hilfe Sie lernen, mit lateinischen Augen zu lesen. Die Aufgaben sind so gestellt, dass sie eindeutig zu beantworten sind. Sie werden also nicht „schwimmen".

Da es **das Ziel dieses Buches** ist, zuerst „mit lateinischen Augen" lesen zu lernen, stellen wir Ihnen nur an **ausgewählten Stellen** die Aufgabe **zu übersetzen**.

Die **Lösungen** zu den Übungen finden Sie im **Lösungsteil**.

In einem **grammatischen Anhang** finden Sie Informationen zu ausgewählten **grammatikalischen Erscheinungen**, die für die Technik des Übersetzens besonders wichtig sind.

Die **Übungen** bestehen immer aus **Originaltexten**. Sie können manche davon in einer zweiten Arbeitsphase **komplett übersetzen**. So können Sie die Übersetzung von speziellen in der Schule geläufigen Autoren und Werken **trainieren**. Der **Lösungsteil** enthält der eine **Musterübersetzung** aller im Buch vorkommenden lateinischen Sätze.

Zeichen und Markierungen

_____	**Hervorhebungen generell** z. B. zusammengehörige Satzteile (einfach unterstreichen)
consul .... vicit	**Satzkern: Subjekt und Prädikat** (doppelt unterstreichen, am besten farbig)
huic librum dedit	**Objekt/Objekte** (Pfeile unter der Zeile von einer Verbform oder vom Prädikat zu den Objekten)
[hoc tempore]	**adverbiale Bestimmungen**, auch **AmP** (= **Ablativus absolutus**) (eckige Klammern)
<se ... migravisse>	**Akkusativ mit Infinitiv (A.c.i.)** (spitze Klammern)
❙Cicero consul❙	**Attribute**, auch **Participium coniunctum** und **Reihungen** von Satzteilen (kleine farbige Striche vor und nach dem Ausdruck)
tamen	**Beiordnende Konjunktionen** zur Verbindung von ganzen Sätzen (farbiger Rasterhintergrund)
cum	**Unterordnende Konjunktionen** und **Relativpronomina** (grauer Raster)
⌐HS¬	**Hauptsatz**
⌐NS¬	**Nebensatz**
⌐ ⌐	Markierung von **Hauptsatz** (nicht eingerückte Klammer) und **Nebensatz** (eingerückte Klammer)

Die Bausteine des lateinischen Satzes

1. Unterschiede zwischen lateinischem und deutschem Satzbau

An einem ganz einfachen Beispiel wollen wir uns die grundlegenden Unterschiede zwischen der Struktur deutscher und lateinischer Sätze klarmachen.

Hund Mädchen Knochen ein seinem einen gibt. | *Beispiel*

Sicher haben Sie diesen Wortsalat im Kopf bereits längst zu einem sinnvollen Ganzen geordnet. Sie haben dabei bestimmte **Signale** aus dem Durcheinander aufgenommen und die Ihnen geläufigen **Regeln** des deutschen Satzes automatisch angewandt. Einige sprachlich durchaus richtige Möglichkeiten haben Sie als faktisch unrealistisch ausgeschaltet. Ihr Gehirn hat also ein ganzes Programm abgespult, dessen wichtigste Schritte wir uns kurz vergegenwärtigen wollen:

– Zuerst haben Sie die Wörter nach **Bedeutung** und **Wortart** untersucht.

– Mithilfe fester **Wortstellungsregeln** haben Sie mehrere grammatikalisch richtige Sätze gebaut.

– Als wichtiges Hilfsmittel für die Ordnung der Wörter im Satz haben Sie **die Artikel z. T. mit ihren Endungen** benutzt.

– Aus den grammatisch möglichen Sätzen haben Sie den logisch oder faktisch richtigen, d. h. **sinnvollen** Satz ausgewählt.

Das Gerüst der deutschen Sprache, das aus Wörtern sinnvolle Sätze entstehen lässt, besteht vor allem aus der **Verwendung** von **Artikeln** und aus **festen Wortstellungsregeln**. Beides existiert im Lateinischen nicht!

Welche **Signale** ordnen nun aber den **lateinischen Satz**? Das oben zitierte Beispiel würde auf Lateinisch lauten:

Cani puella os dat. | *Beispiel*

Wie auch immer die Wörter angeordnet sind (jede beliebige Umstellung ist möglich), bleibt der Satz im Lateinischen syntaktisch richtig und sofort verständlich. Woran liegt das wohl?

 Für die Kennzeichnung von Wortart und Funktion der Wörter im Satz genügt dem Lateinischen ein **einziges** Signal, das im Deutschen weniger wichtig in diesem Zusammenhang ist: die **Endungen**.

Für die Übertragung ins Deutsche müssen wir deshalb eine Reihe von **Vermittlungsschritten** einschalten, um das Lateinische mit dem Deutschen „kompatibel" zu machen, wie man heute im PC-Bereich sagt. Bei einem so einfachen Beispiel machen Sie das ganz automatisch. Wenn Sie sich die einzelnen Schritte genau bewusst machen, werden Sie aber auch bei schwierigeren Sätzen keine Fehler machen.

   Anhand der Endungen **ordnen** wir die Wörter nach ihrer **Wichtigkeit** für den **Sinn und Inhalt** des Satzes.

Dabei bedienen wir uns einer Tatsache, die zum Glück der deutschen und lateinischen Sprache **gemeinsam** ist (dabei aber keineswegs selbstverständlich, wie viele nicht-indogermanische Sprachen beweisen):

Im Lateinischen wie im Deutschen bilden **Subjekt** und **Prädikat** den **Satzkern**, von dem die übrigen Satzteile direkt oder indirekt abhängig sind.

 Für die Übersetzung ins Deutsche ordnen wir den lateinischen Satz anhand der **Endungen** vom **Prädikat** her:

Puella	cani	os	dat.
Das Mädchen	dem Hund	einen Knochen	gibt.

Wäre es nämlich der Fall, dass vor allem in längeren lateinischen Sätzen und Texten die Wörter einfach beliebig aneinandergereiht sind, so wäre das Übersetzen wirklich ein mühsames Puzzle und es bliebe unverständlich, wie die Römer sich verständigen oder z. B. Rednern folgen konnten:

Trotz freierer Wortstellung als im Deutschen gibt es auch im Lateinischen **Grundmuster** des Satzbaus und der Wortstellung.

Diese zu erkennen und anzuwenden macht die eigentliche Übersetzungstechnik aus, die wir im Folgenden erarbeiten wollen.

Bausteine: Lateinischer und deutscher Satzbau

2. Die lateinische Rahmenstellung: Subjekt und Prädikat

Die **Geschichte des Polykrates** kennen Sie sicher schon durch das Gedicht von Friedrich Schiller. Ein lateinischer Schulbuchautor namens Valerius Maximus hat diese Geschichte ungefähr so erzählt:

Polycrates, Samiorum tyrannus, eo tempore divitiis omnes homines superabat. *Text*
Fortuna ei favere videbatur.
Ipse tyrannus fortunam suam nimiam iudicabat et timebat, ne di immortales sibi inviderent.
Habebat anulum gemma pretiosa ornatum, quem maxime amabat.
Hunc Neptuno donare constituit et in mare abiecit.
Sed Neptunus id donum repudiavit et Polycrati per piscatorem quendam reddidit.
Qui in ventre piscis ingentis anulum illum reppererat et laetus tyranno tradiderat.
Tum Polycrates iure odium deorum timuit et fortuna eius brevi tempore mutata est.
Proelio victus et captus in vertice montis cruci affixus est. (Val. Max. 6, 9 ext. 5)

In ihrem Schwierigkeitsgrad sind das Sätze aus Ihren früheren Lateinjahren. Aber bereits daran lassen sich einige Grundmuster des lateinischen Satzbaus erkennen, mit deren Kenntnis auch schwierigere Sätze entschlüsselt werden können.

Das Schicksal des Polykrates wird in Sätzen beschrieben, deren Hauptaussagen immer **am Anfang** und **am Ende** jedes Satzes stehen. Da im Einzelsatz der **Hauptgedanke** bei **Subjekt und Prädikat** liegt, befinden sich diese beiden Satzteile – wohlgemerkt: in einem lateinischen **Normalsatz** – am Anfang und am Ende. Das können Sie leicht überprüfen:

Unterstreichen Sie Subjekte und Prädikate in der *Polykrates*-Geschichte oben doppelt (farbig). Achten Sie darauf, dass das Subjekt auch im Prädikat (Endung) enthalten sein kann, wenn es bereits bekannt ist oder vorausgesetzt wird.

Polycrates eo tempore divitiis omnes homines superabat. | *Beispiel*

Im **Lateinischen** gibt es zwei **Schwerpunkte**, einen am **Satzanfang** und den anderen am **-ende**. Sie bilden die grammatische und zugleich die gedankliche **Einheit** des Satzes.

Unserem gewohnten Lesen widerstrebt diese **lateinische Rahmenstellung** (oder **Klammerstellung**). **Im Deutschen** gehen unsere Augen meist **von Wort zu Wort**, die Hauptaussage erschließt sich schrittweise, wohingegen man **im Lateinischen** vom Subjekt zum Prädikat **springen** muss; der Satz ist als **Spannungsbogen**[1] aufgebaut.

[1] ...in bestimmten Fällen auch im Deutschen vorhanden:
Ich möchte dich gerne nächste Woche am Dienstagabend **besuchen**.

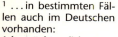

3. Prädikat und Objekt als Bausteine

Neben Subjekt und Prädikat ist ein wichtiger und meist notwendiger Bestandteil des Satzes das bzw. die **Objekt(e)**. Das **Objekt** ist seiner syntaktischen Funktion (= Aufgabenstellung) nach eine **Ergänzung des Prädikats** und daher oft eng an das Prädikat angeschlossen. Diese enge Verbindung nennt man **Prädikatsgruppe**. Im Lateinischen steht dabei das (bzw. die) Objekt(e) – im Gegensatz zum Deutschen – **vor** dem Prädikat:

Beispiel: Mustersatz | *Polycrates eo tempore divitiis omnes homines superabat.*

Sie sehen hier deutlich, wie Objekt und Prädikat einen festen Baustein bilden. Häufig noch wird die Tatsache, dass der lateinische Satz ein Übergewicht am Ende hat, dadurch verstärkt, dass **manche Prädikate** – wie auch in unserem Mustersatz aus Übung A 1 – nicht nur eine, sondern **mehrere notwendige Ergänzungen** erfordern können.

Die folgenden Beispiele machen das noch einmal deutlich:

Beispiele | 1. *Wir gehen spazieren.*
Frage: **wer oder was?**

2. *Die Römer erobern eine Stadt.*
Fragen: **wer oder was? – wen oder was?**

3. *Der Lehrer gibt dem Schüler ein Buch.*
Fragen: **wer oder was? – wem? – wen oder was?**

Zu 1.: Im ersten Fall haben wir ein **Prädikat**, das sich mit **einer Ergänzung** zufrieden gibt, dem **Subjekt**. Man nennt diese Verben **einwertig**. Der Satz ist grammatikalisch und logisch korrekt und vollständig. Alle weiteren Fragen sind unsinnig (**wem?/wen** oder **was?**) oder nicht notwendig (**wo?/wohin?**).

Zu 2. und 3.: Im zweiten und dritten Fall entstehen **Leerstellen**, wenn wir als Leser nicht erfahren, **wen** oder **was** die Römer erobern, **wem** der Lehrer etwas und **was** der Lehrer gibt. Die Sätze sind nicht nur grammatikalisch, sondern auch **logisch unvollständig**.

Wenn außer dem Subjekt **eine weitere Ergänzung** notwendig ist, nennt man die Verben **zweiwertig**.

Wenn außer dem Subjekt **zwei weitere Ergänzungen** notwendig sind, nennt man die Verben **dreiwertig**. Im Lateinischen steht für manche notwendigen Ergänzungen z. B. der **Ablativ**. In manchen Fällen weicht also der Kasus, den ein Verb verlangt, vom deutschen Sprachgebrauch ab. Es ist gut, sich diese Verben jeweils mit ihrem Kasus einzuprägen!

Vergleiche im Gramm. Anhang das Kap. 1 (Verben mit anderem Kasus als im Deutschen).

Es hängt von der Bedeutung des Prädikats ab, ob und wie viele Objekte erforderlich sind, in welchem Kasus sie stehen oder ob ein präpositionaler Ausdruck notwendig ist.

Zeigen Sie durch Pfeile im *Polykrates*-Text von S. 9 die enge Verbindung von Prädikat mit Objekt(en) an.

Bestimmen Sie die Wertigkeit, d. h. die Anzahl der Ergänzungen der Prädikate. Notieren Sie 1/2/3 hinter dem Verb.

Mit **Subjekt**, **Prädikat** und **Objekt(en)** haben Sie die **Grundstruktur** des lateinischen Satzes erfasst. Legen Sie zu ihrer Kennzeichnung bestimmte (farbige) Zeichen fest. (Siehe Vorschlag in diesem Buch auf S. 6).

4. Satzerweiterungen

4.1 Adverbiale Bestimmungen

Satzerweiterungen sind **freie Angaben**, durch die der Satz mit zusätzlichen Informationen „aufgefüllt" wird; sie geben dem Satz Farbe. Wenn sie fehlen, wird der Satz deshalb nicht unverständlich, wie an unserem Mustersatz zu sehen ist:

Beispiel: Mustersatz

Polycrates [eo tempore] divitiis omnes homines superabat.

Satzerweiterungen sind genau zu trennen von den **notwendigen Satzteilen Subjekt, Prädikat, Objekt**, die wir bisher behandelt haben.
Als **nicht notwendige Angaben** ergeben sie meist erst aus der Übersetzung der notwendigen Bestandteile einen Sinn. Darum muss die **Reihenfolge der Übersetzung** – notwendige Satzteile zuerst! – strikt eingehalten werden.

Adverbiale Bestimmungen dienen, wie auch in unserem Mustersatz, zur Verdeutlichung der Umstände (*wann, wo, wie, wodurch, mit wem* usw.).

Es gibt folgende Arten von **adverbialen Bestimmungen (Adverbialen)**:

1. die **Adverbia:** z. B. *tum, bene, acerrime, celeriter* (dann, gut, sehr heftig, schnell – im Deutschen ist kein Unterschied zwischen Adjektiv- und Adverbform!)
2. **präpositionale Ausdrücke:** z. B. *cum illo* (mit jenem), *post mortem* (nach dem Tode)
3. **adverbiale Bestimmungen im Ablativ:** z. B. *magna celitate* (mit großer Geschwindigkeit), *magno studio* (mit großem Eifer)

Die adverbialen Bestimmungen im Ablativ kommen am häufigsten vor und werden sehr unterschiedlich übersetzt.

Die Vielfalt der Bedeutungen des Ablativs wiederholen Sie am besten mithilfe des Grammatischen Anhangs (Kap. 2/Die Funktionen des Ablativs).

4. ... selten auch **im Dativ**, z. B. **Dativus finalis**: *Illud mihi usui est* (Das bringt mir Nutzen).

Im **Normalsatz** steht die **adverbiale Bestimmung** in der **Mitte zwischen** Subjekt und Prädikatsgruppe oder als **Satzüberleitung** noch **vor** dem Subjekt am Satzanfang. (Vgl. dazu das Kap. B.2. Satzüberleitungen.)

Suchen Sie die **adverbialen Bestimmungen** im *Polykrates*-Text. Wie wird nach Ihnen gefragt (deutsche Frage!)? Tragen Sie Ihre Antwort in der Tabelle ein!

Übung A 3

Adverbialia	adverbiale Bestimmung im Lateinischen?	Frage im Deutschen?
Adverbia		
präpositionale Ausdrücke		
Ablative:		
...modi		
...limitationis		
...instrumenti		
...temporis		

Bausteine: Adverbiale Bestimmungen

4.2 Attribute und Appositionen

Die **Attribute** erläutern einzelne Satzteile wie **Subjekt**, **Objekt** und **adverbiale Bestimmung** näher. Sie bilden zusammen mit dem Bezugswort eine **Sinneinheit**.

In unserem Beispielsatz werden *tempore* und *homines* genauer beschrieben:

Beispiel | Polycrates |eo tempore| divitiis |omnes homines| superabat.

Es gibt im Lateinischen **verschiedene Arten** von **Attributen**:

1. Die häufigsten **Attribute** sind **Adjektive** und **attributiv gebrauchte Partizipien (Participium coniunctum)**, die sich in KNG (Kasus/Numerus/Genus) an ihr Bezugswort angleichen. Man erkennt also an der **Endung**, wozu ein Adjektiv gehört:

Beispiel | *res publica amissa* – das verlorene Gemeinwohl

2. Ein **Substantiv** kann auch näher bestimmt werden durch ein anderes **Substantiv**.

   a) im Genitiv **(Genitivattribut)**:

Beispiel | *liber librorum* – das Buch der Bücher

   b) seltener auch durch ein Substantiv **im Ablativ** (auch mit Präposition)

Beispiele | *vir summo ingenio* – ein Mann von höchstem Talent
homo de plebe – ein Mensch aus dem Volk

   c) Aber auch ein Substantiv **im gleichen Kasus** kann zu einem anderen Substantiv hinzutreten (**Apposition** = Hinzusetzung)

Beispiele | *Scipione duce* – mit Scipio als Anführer
Cicero consul – Cicero als Consul

Da die Attribute mit ihrem Bezugswort eine Sinneinheit bilden, stehen sie in der Regel **unmittelbar vor** oder **hinter** dem dazugehörigen Substantiv. Durch die KNG-Angleichung (Kasus-Numerus-Genus) sind sie leicht zuzuordnen.

Allerdings gibt es einige Fälle, in denen die Attribute vom dazugehörigen Substantiv getrennt sein können:

1. Die **Sperrung** von Attribut und Substantiv wird manchmal als **Stilmittel**, z. B. in Versen oder Reden, eingesetzt, das man **Hyperbaton** nennt. Hier gilt es besonders auf die Endungen zu achten!

   magno vir ingenio – ein Mann von großer Begabung | *Beispiel*

2. Das attributiv gebrauchte Partizip, das sog. **Participium coniunctum**, steht oft sogar sehr weit entfernt.

Vergleiche zu dieser Besonderheit das Kap. C 2.1.2 (Das Participium coniunctum als Baustein).

1. Suchen Sie die **Attribute** aus dem *Polykrates*-Text S. 9! Kennzeichnen Sie durch senkrechte schmale Striche vor und nach dem Wort (|....|) die Zusammengehörigkeit von |Substantiv und Attribut|!

2. Ordnen Sie die **Attribute** durch Eintrag in eine Tabelle:

Übung A 4

	Attribut + Beziehungswort
1. adjektivisch	
2. substantivisch a) Genitiv	
b) Apposition	

Mit der Bestimmung von Satzkern (Subjekt und Prädikat), notwendigen Satzergänzungen und Satzerweiterungen haben Sie die wesentlichen Strukturelemente, die Bausteine des lateinischen Satzes, kennen gelernt und damit die grundlegende Voraussetzung für Bestimmung sowie Übersetzung geschaffen.

Übung A 5 Markieren Sie in dem *Polykrates*-Text von S. 9 **alle Satzteile** mit den auf S. 6 festgelegten Zeichen, die Sie ab jetzt konsequent für alle entsprechenden Übungen benützen sollten, nach folgendem Beispiel:

Beispiel: Mustersatz | |Polycrates, Samiorum tyrannus,| [eo tempore|] [divitiis] |omnes homines| superabat.

Übung A 6 Übersetzen Sie den ganzen Text.

Übung A 7 Nun wird's etwas schwieriger. Im folgenden kleinen Text (nach Cäsar) sind die Satzteile völlig durcheinander geraten.
Ordnen Sie die Sätze so, dass lateinische **Normalsätze** entstehen!

Text | Romanus incolebat Italiam populus. Obtinebant Romani Galliae imperium. Imperium Rhenus finiebat populi Romani. Tum amicitia populi Romani plurimum Haedui in Gallia poterant. A Germanis autem, Haeduorum finitimi, auxilium Sequani petiverunt. Itaque constituit gerere Caesar bellum. Nam beneficiis tenebatur imperium populi Romani. Itaque provincias atque socios magistratus imperatoresque defendebant aequitate et fide.

Der Bauplan des lateinischen Satzes

1. Der römische Rundbogen: Normalsatz und rhetorische Wortstellung

Bisher haben wir immer vom lateinischen Normalsatz (mit Rahmen- oder Klammerstellung vgl. S. 9f.) gesprochen. Durch die grundsätzlich freiere Wortstellung ist im Lateinischen aber auch bei einfachen Sätzen eine ganz individuelle Gestaltung möglich. Um das, was dem Autor besonders wichtig ist, hervorzuheben, werden vor allem die **Schwerpunktstellen des Satzes**, **Satzanfang** und **Satzende**, benutzt.

Die syntaktisch wichtigsten Satzteile, **Subjekt** und **Prädikat**, stehen dann nicht mehr unbedingt an den betonten Stellen des Satzes.
Solche Abweichungen von dem Schema des Normalsatzes nennt man **rhetorische Wortstellung**. Sie lässt sich bis zu einem gewissen Grad auch im Deutschen nachahmen. Allerdings ist hier zumindest das **Prädikat** immer an seinen **festen Platz gebunden**.

Um den **Unterschied** zwischen der normalen syntaktischen Struktur und der rhetorischen Wortstellung bei besonderer Aussageabsicht des lateinischen Autors zu verdeutlichen, können wir uns einen einfachen Satz bildlich als zwischen Satzanfang und Satzende gespannten **Bogen** vorstellen. Die Römer haben schließlich in der Architektur den Rundbogen erfunden. Ganz ähnlich denken wir uns einen lateinischen Satz.

Ein typisch lateinischer Spruch (bei Publil. Syr.) soll uns bei dieser Vorstellung als Beispiel dienen. In der **Normalstellung** lautet er (von links nach rechts gelesen):

Bona fama in tenebris proprium splendorem obtinet.
Ein guter Ruf behauptet seinen wirklichen Glanz im Dunkeln.

Beispiel: Normalstellung

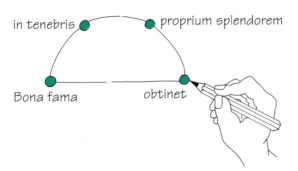

Auch in der Normalstellung folgt unsere Lesebewegung zum Erfassen der syntaktischen Struktur nicht dem Bogen, sondern **springt vom Prädikat zu den anderen Satzteilen hin und her**. Das lässt sich durch Pfeile verdeutlichen: Ein dicker (farbiger) Pfeil verbindet **Subjekt und Prädikat**, ein schwarzer Pfeil **Prädikat und Objekt**, ein gestrichelter Pfeil **Prädikat und adverbiale Bestimmung**.

Beispiel: Leserichtung

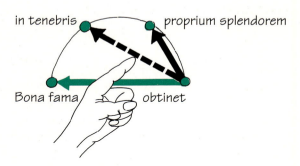

Abweichend von dieser Normalstellung jetzt zu den **fünf wichtigsten Umstellungen** im lateinischen Satz:

Bei der **rhetorischen Wortstellung**, wenn nicht mehr Subjekt und Prädikat die Schwerpunktstellen des Satzes einnehmen, muss unsere Lesebewegung jeweils verschieden aussehen.

Kennzeichnen Sie in den nun folgenden Beispielen für die rhetorische Wortstellung die **Lesebewegung** zum Erfassen der syntaktischen Struktur durch Pfeile nach obigem Musterbeispiel, indem Sie das **Prädikat** – wie in einem Normalsatz – nacheinander mit dem **Subjekt**, dem **Objekt** und der **adverbialen Bestimmung** verbinden.

– **Variante 1: Umstellung von Subjekt und Prädikat**

Beispiel 1: rhetorische Wortstellung

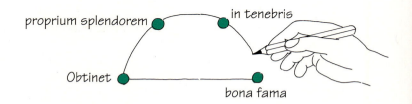

Diese Variante lässt sich im Deutschen wegen der Wortstellungsregeln nur bedingt nachahmen, z. B. durch die Einführung eines Pronomens:

Beispiel 1: Übersetzung

Es behauptet seinen wirklichen Glanz im Dunkeln ein guter Ruf.

(Dieser Satz ist zwar grammatikalisch richtig, aber die Übersetzung ist unelegant und ungebräuchlich.)

Etwas besser ist folgende Wortstellung für unser Beispiel 1. Durch sie wird deutlich gemacht, dass *ein guter Ruf* kein Lorbeer ist, auf dem man sich ausruhen kann:

Ein guter Ruf muss seinen wirklichen Glanz im Dunkeln **behaupten**.

| *Beispiel 1: Übersetzung*

– **Variante 2: Die Voranstellung des Objekts**

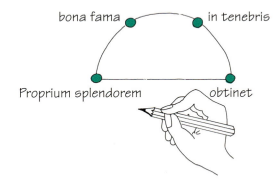

Beispiel 2: rhetorische Wortstellung

Hier wird *proprium splendorem* besonders hervorgehoben. Also:

Seinen wirklichen Glanz behauptet ein guter Ruf im Dunkeln.

| *Beispiel 2: Übersetzung*

– **Variante 3: Endstellung des Objekts**

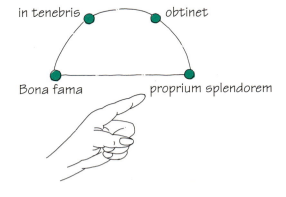

Beispiel 3: rhetorische Wortstellung

Bei dieser Variante wird der Glanz *proprium splendorem* als Eigenschaft der *bona fama* hervorgehoben, die den Satzanfang bildet. Durch die Umstellung der Prädikatsgruppe bekommt *proprium splendorem* besonderes Gewicht.

Ein guter Ruf behauptet im Dunkeln **seinen wirklichen Glanz**.

| *Beispiel 3: Übersetzung*

– **Variante 4: Voranstellung der adverbialen Bestimmung**

Beispiel 4: rhetorische Wortstellung

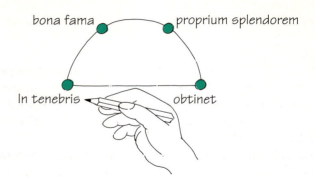

Beispiel 4: Übersetzung

Im Dunkeln behauptet ein guter Ruf seinen wirklichen Glanz.

Wird die adverbiale Bestimmung vorangestellt, sollen die Krisenzeiten, in denen *ein guter Ruf* oftmals schwierig zu behaupten ist, betont werden.

– **Variante 5: Endstellung der adverbialen Bestimmung**

Beispiel 5: rhetorische Wortstellung

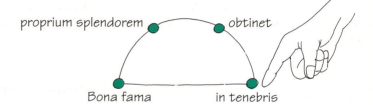

Beispiel 5: Übersetzung

Ein guter Ruf behauptet seinen wirklichen Glanz **im Dunkeln**.

Hier soll, ähnlich wie in **Variante 4**, auf die Krisenzeiten verwiesen werden; doch wird *ein guter Ruf* durch die Stellung am Satzanfang stärker betont.

Nun ist aber für die deutsche Übersetzung die **Nachahmung** der lateinischen Wortstellung nicht immer der richtige Weg, da vor allem bei komplizierteren Sätzen die deutschen Wortstellungsregeln eine solche Nachahmung verbieten.

Zwar können beim Sprechen im Deutschen verschiedene Stellen im Satz, nicht nur der Anfang und das Ende, betont werden. **Beim Schreiben** jedoch wird im Deutschen die besondere Aussageabsicht wirkungsvoller, z. B. durch den **Gebrauch adverbialer Bestimmungen**, zum Ausdruck gebracht.

So kann in unserem Beispiel die besondere Nuance der Aussage des Autors etwa durch die Einfügung von *erst* betont werden. Dies ist in allen Varianten möglich, z. B. **Variante 2**:

Beispiel: Variante 2

Proprium splendorem bona fama in tenebris obtinet.
Seinen wirklichen Glanz behauptet ein guter Ruf **erst** im Dunkeln.

Welche Funktion hat nun die rhetorische Wortstellung bei der Übersetzung?

Die **rhetorische Wortstellung** kann eine Erschwerung, aber auch eine Hilfe für die Übersetzung sein.

Im Zusammenhang eines Textes ist die **rhetorische Wortstellung** oft eine Hilfe zum Verständnis des **Kontextes**, denn wir wissen dadurch, auf welches Wort/welche Wörter der Autor besonderen Wert gelegt hat. Unser Denken wird dadurch auch für die folgenden Sätze eines längeren Textes in die richtige Richtung gelenkt.
Umgekehrt kann die besondere Aussageintention des Autors aber auch erst **aus der Kenntnis des größeren Zusammenhangs** deutlich werden.
Mit der Wiedergabe der rhetorischen Wortstellung beginnt das schwierige Gebiet der Interpretation.
Eine eindeutige Regel lässt sich für die Wiedergabe der rhetorischen Wortstellung leider nicht aufstellen.
Für die Übersetzungsstrategie gilt aber dennoch folgende Grundregel:

> **Zunächst** müssen wir die **syntaktische Struktur** des lateinischen Satzes erkennen und nach ihr die Übersetzung beginnen. **Danach** erst kann die besondere Aussageabsicht des Autors anhand der **Wortstellung** berücksichtigt werden.

Ergänzen Sie folgende **Übersetzungen** und bestimmen Sie die **Variante der Wortstellung**.

Text und Übersetzung

1. *Oracula Romani antiquissimis temporibus non habebant.*

In ältester Zeit besaßen die Römer (noch) keine _____.

(Variante: _____)

2. *Romulo mortuo patres omnes Numae Pompilio, natione Sabino, regnum tradiderunt.*

Alle Senatoren übergaben Numa Pompilius, aus dem Stamm der Sabiner, die Königsherrschaft und das gleich nach _____. (Variante: _____)

3. *Factus erat consul Sempronius Gracchus iterum.*

Einmal war Sempronius Gracchus Konsul, aber jetzt wurde _____ _____. (Variante: _____)

4. *Agitabatur magis magisque in dies animus ferox.*

Mehr und mehr von Tag zu Tag _____
_____. (Variante: _____)

Bauplan: Normalsatz und rhetorische Wortstellung

Übung B 3

Stellen Sie folgenden lateinischen **Normalsatz** nach den **fünf Varianten der rhetorischen Wortstellung** um und versuchen Sie jeweils, das durch die besondere Wortstellung Betonte in Ihrer **Übersetzung** (in Ihrem Übungsheft) zum Ausdruck zu bringen.

Populus Romanus virtute omnes gentes superabat.

Übung B 4

Stellen Sie bei den folgenden Sätzen fest, welche Satzteile an den Schwerpunktstellen des Satzes (Satzanfang und -ende) liegen.

Satz	Satzanfang	Satzende
1. Accusator Catilinae in rostra ascendit Cicero.	Prädikatsnomen	Subjekt
2. Gallia est omnis divisa in partes tres.		
3. Magna dis immortalibus habenda est atque huic ipsi Iovi Statori gratia.		
4. Romae ad primum nuntium cladis cum ingenti terrore ac tumultu concursus in forum populi est factus.		
5. Cicero orationem habuit luculentam atque utilem rei publicae.		

2. Satzüberleitungen: Konjunktionen, Pronomina ...

Außer den Bausteinen des lateinischen Satzes, die wir bisher kennen gelernt haben, gibt es **Satzteile**, die die **Verbindung** zwischen **einzelnen Sätzen** darstellen bzw. **gleichartige Satzteile verbinden**.
Sie sind sozusagen der Mörtel zwischen den Bausteinen der Mauern des Satzgefüges und des Textganzen.

Auch sie müssen beim analytischen Lesen sorgfältig abgegrenzt werden, weil auch hier das Lateinische teilweise vom Deutschen abweicht.

Durch die Abgrenzung treten die einzelnen, zusammengehörenden Wortgruppen plastisch hervor und erleichtern es Ihnen damit, auch fremde Teile auseinander zu halten.

Da die Römer **keine Satzzeichen** hatten, den Text also fortlaufend schrieben, brauchten sie deutliche Hinweise auf Beginn und Ende eines Satzes (anstelle unserer Punkte). Sie waren gezwungen mit kleinen Wörtern Anfänge zu kennzeichnen – mit den **Überleitungen**.

Jeder Text der lateinischen Kunstprosa gibt deshalb durch Überleitungswörter die logischen Verbindungen zwischen den einzelnen Sätzen an. Die gebräuchlichsten Überleitungen sind die Ihnen schon längst bekannten **Konjunktionen**. Man unterscheidet

1. **Konjunktionen**, die

    a) gleichwertige Sätze verbinden (*tamen, enim* u. ä.), d. h. **gleich-** oder **beiordnende Konjunktionen**,

    b) Nebensätze einleiten (*si, postquam* u. ä.), d. h. **unterordnende Konjunktionen**.

Den Anfang eines Hauptsatzes kann das Lateinische außerdem hervorheben:

2. durch **Relativpronomina** (relativer Satzanschluss) und **Pronomina** (*ille, hic* u. ä.),

3. durch **jedes Satzglied**, das aus rhetorischen Gründen, d. h. zur besonderen Hervorhebung, an den **Satzanfang** gestellt wird.

Bauplan: Konjunktionen, Pronomina …

Übung B 5

Suchen Sie die **satzverbindenden Überleitungen** aus dem *Polykrates*-Text von S. 9 heraus.

Ordnen Sie die Überleitungen nach dem unten angegebenen Schema ein:

Überleitungen	Satz
1. a) gleichordnende Konjunktionen: …	
1. b) unterordnende Konjunktionen: …	
2. Relativpronomina und Pronomina am Satzanfang: …	
3. betonte Satzglieder am Satzanfang: …	

→ Die **unterordnenden Konjunktionen** sind ausführlich im Kap. D 1. (Haupt- und Nebensatz: Signale) aufgeführt!

3. Reihungen

Im Lateinischen erscheint ein Satz oft unübersichtlich und für die Satzanalyse schwierig, weil ein oder mehrere Satzteile verdoppelt oder vervielfacht werden. Dies wird in folgendem Beispielsatz sichtbar:

Beispiel | *Haec est una via et laudis et dignitatis et honoris.*
Das ist der einzige Weg zu Ruhm, Ansehen und Ehre.

Wenn Sie erkennen, dass *una via* **drei gleichwertige Genitivattribute** nachfolgen, die jeweils mit *et* verbunden sind, haben Sie den Satz sofort im Griff!

Es gibt nun mehrere Möglichkeiten, gleichartige Satzteile miteinander zu verbinden:

1. durch **beiordnende Konjunktionen** (vgl. Seite vorher 1. a)):

    a) **Anreihung** gleichartiger Satzteile durch: *et, atque, ac, -que, neque, neve*

    b) **Trennung** gleichartiger Satzteile durch: *aut, vel, -ve,*

    c) **Parallelität** der Satzteile durch **Doppelkonjunktionen** wie: *et-et, neque-neque, aut-aut, non solum-sed etiam, cum-tum, modo-modo, ut-ita;*

2. durch eine **asyndetische Reihung**, d. h. durch unverbunden (= nur durch Komma abgetrennte) aneinander gereihte gleichartige Satzteile: *Haec est una via laudis, dignitatis, honoris;*

3. durch **Wiederholung** des gleichen Wortes zu Beginn aufeinander folgender Satzteile (vgl. die Stilfigur **Anapher**: *mea culpa, mea maxima culpa …*).

Die Vielfalt der Möglichkeiten klingt vielleicht auf Anhieb etwas verwirrend, aber eigentlich sollten Sie sich über eine Reihung freuen! Aneinander gereihte Satzglieder müssen nämlich nur einmal in ihrer Funktion und Beziehung zum Satzganzen erkannt werden.

Populus tantum optat panem et circenses. | *Beispiel*

In dieser Reihung ist *circenses* genauso Objekt wie *panem*.

a) Rahmen Sie nun in den beiden folgenden Texten die verbindenden Wörter (z. B. gleichordnende Konjunktionen/Pronomina/Anaphern) farbig ein!
b) Unterstreichen Sie die durch **Verbindungswörter** bzw. **Satzzeichen** verbundenen gleichen Satzteile!

Übung B 6

1. Lob der Philosophie | *Text*

O vitae philosophia dux, o virtutis indagatrix expultrixque vitiorum! Quid non modo nos, sed omnino vita hominum sine te esse potuisset? Tu urbes peperisti, tu dissipatos homines in societatem vitae convocasti, tu eos inter se primo domiciliis, deinde coniugiis, tum litterarum et vocum communione iunxisti, tu inventrix legum, tu magistra morum et disciplinae fuisti.
(Cic. Tusc. V, 5)

2. Ciceros Eigenlob

Ego consul, … meis consiliis, meis laboribus, mei capitis periculis, sine tumultu, sine dilectu, sine armis, sine exercitu incensione urbem, internicione cives, vastitate Italiam, interitu rem publicam liberavi. Ego vitam omnium civium, statum orbis terrae, urbem hanc denique, sedem omnium nostrum, arcem regum ac nationum exterarum, lumen gentium, domicilium imperii, quinque hominum amentium ac perditorum poena redemi. (Cic. Sull. 33)

Ist eine Reihung in ihrer Ausdehnung erkannt, dann gilt also Folgendes:

Wenn ein Teil der Reihung in seiner syntaktischen Funktion bestimmt ist, sind alle Teile bestimmt.

Die **gleichordnenden Konjunktionen** haben verschiedene Funktionen: Sie haben sie gerade

1. als **Satzüberleitungen**, d. h. zur Verbindung von Sätzen, und

2. bei den **Reihungen**, d. h. zur Verbindung von Satzteilen, kennen gelernt.

Sie müssen also stets prüfen, welcher der beiden Fälle vorliegt!
Beachten Sie deshalb diese Regel:

Reihungen von Satzteilen hängen von **dem/denselben Prädikat(en)** ab. Ein Satzende ist dann erreicht, wenn eine Wortfolge durch ein Prädikat abgeschlossen ist.

Bei der **Verbindung von Sätzen** hat **jeder Satz** (mindestens) ein **eigenes Prädikat**.

Der Unterschied soll an folgendem Beispiel erläutert werden:

Beispiel

In der Schlacht an der Trebia (218 v. Chr.) schickte Hannibal die Reiter von den Balearen, seine Elefanten und die Numider unter seinem jüngeren Bruder Mago gegen die römischen Soldaten.

Sed et Baliares pulso equite iaculabantur in latera et elephanti iam in medium peditum aciem sese tulerant et Mago Numidaeque exorti ab tergo ingentem tumultum ac terrorem fecerunt. (Liv. XXI, 55, 9)

In unserem Beispiel verbinden die drei *et* drei **ganze Sätze** miteinander, die mit **Subjekt und Prädikat** ausgefüllt sind, nämlich:

- *Baliares ... iaculabantur*
- *elephanti ... sese tulerant*
- *Mago Numidaeque ... tumultum ac terrorem fecerunt*

Beispiel

Mago Numidaeque (übrigens die engste Verbindung, die zwei Wörter eingehen können: *-que!*) müssen **gleiche Satzteile** sein, also ist *Mago* Nominativ wie *Numidae*, trotz der eigenartigen Endung (Eigenname!). Auch *tumultum ac terrorem* gehören beide als Objekte zum Prädikat *fecerunt*, sind also **gleichwertige Satzteile**.

Weil diese Unterscheidung sehr wichtig für die Übersetzung lateinischer Sätze ist, haben wir eine längere Übung zusammengestellt:

Unterscheiden Sie bei den folgenden Sätzen zwischen **satz**verbindenden und **satzteil**verbindenden Konjunktionen:

Übung B 7

a) Rahmen Sie Konjunktionen, die ganze Sätze verbinden, ein und unterstreichen Sie die Prädikate.

Vom römischen Gesetz sagt man ...

Beispiel

Scriptum nullum exstat, sed responsa complura et memorabilia fuerunt. (Pompon., dig.)

b) Versehen Sie |Satzteile, die durch Konjunktionen verbunden sind|, mit kleinen Strichen, um anzuzeigen, dass sie eng zusammengehören.

Was die untätige Ruhe vermag...

Beispiel

Otium |et reges et beatas urbes| perdidit. (Catul. carm. 51, 15)

1. Anleitung zum Lesen

Text

Non enim scripta lectione secura transcurrimus, sed tractamus singula et necessario introspicimus. (Quint. inst. 10, 5, 8)

2. Die Philosophie hatte es in Rom schwer

Philosophia iacuit usque ad hanc aetatem nec ullum habuit lumen litterarum Latinarum. (Cic. Tusc. I, 5)

3. Der mühsame Anfang eines Saufgelages

Interpellavit tam dulces fabulas Trimalchio, nam iam sublatum erat ferculum, hilaresque convivae vino sermonibusque operam coeperant dare. (Petron. 39, 1)

Bauplan: Reihungen

Fortsetzung Text

4. Die Besonderheit von Reden in der Volksversammlung und im Senat

Contio capit omnem vim orationis et gravitatem et varietatem desiderat. Sapiens autem est consilium senatus multisque aliis dicendi relinquendus locus est. (Cic. De orat. 2, 333)

5. Reaktion auf den Mord an dem Politiker Clodius

Perlatum est corpus Clodii ante primam noctis horam, infimaeque plebis et servorum maxima multitudo magno luctu corpus in atrio domus positum circumstetit. (Ascon. 7)

4. Ars legendi oder die Kunst, richtig zu lesen

Den lateinischen Satzbauplan und seine Varianten haben Sie nun kennen gelernt und sich – hoffentlich – eingeprägt. Doch wie kann man diese Einsichten bei der Übersetzung richtig anwenden?

An folgendem schon etwas schwierigerem kleinen Text lernen Sie die Kunst des Lesens, der entscheidenden Vorstufe zum Übersetzen. Wenn Sie den Text mithilfe von Zeichen und Symbolen in **zwei Lesedurchgängen** „präparieren", werden Sie ihn ohne Schwierigkeiten übersetzen können.

Diese Vorarbeit methodisch zu betreiben, ist äußerst wichtig, auch wenn sie zunächst als unnötiger Aufwand erscheinen mag.

Cäsar gibt eine kurze Beschreibung der Sueben, eines südwest deutschen Germanenstammes

Text

Sueborum gens est longe maxima et bellicosissima Germanorum omnium. Hi centum pagos¹ habere dicuntur, ex quibus quotannis singula milia armatorum bellandi causa ex finibus educunt. Reliqui, qui domi manserunt, se et illos alunt; hi rursus invicem² anno post in armis sunt, illi domi remanent. Sic neque agricultura nec ratio atque usus³ belli intermittitur. Sed privati ac separati agri apud eos nihil est, neque longius anno remanere uno in loco colendi causa licet. Neque multum frumento, sed maximam partem lacte⁴ atque pecore⁵ vivunt multumque sunt in venationibus⁶. Ea res et cibi genere et cotidiana exercitatione et libertate vitae … vires alit et immani⁷ corporum magnitudine homines efficit. (Caes. Gall. IV, 1)

Vokabeln:
¹ *pagus* = Gau – ² *rursus invicem* = wieder im Wechsel – ³ *ratio atque usus* = Theorie und Praxis – ⁴ *lac, -tis n.* = Milch – ⁵ *pecus, -oris n.* = Kleinvieh – ⁶ *venatio* = Jagd – ⁷ *immanis, -e* = ungeheuer

Erster Leseschritt: Beziehungen der Satzteile untereinander

Sie denken doch noch an den großen Bogen, der sich über den lateinischen Satz wölbt, von Subjekt zu Prädikat (vgl. Kap. A 2. und B 1.)? Diese Achse zu erkennen ist der allererste Schritt.

Unterstreichen Sie die Subjekte und Prädikate aller Sätze doppelt und farbig.
Achten Sie darauf, dass ein Prädikat auch aus zwei oder mehreren Wörtern bestehen kann (z. B. *est longe maxima et bellicosissima* oder *habere dicuntur*).

Objekt und **Prädikat** stehen oft **dicht** beieinander:

1. Stellen Sie die Verbindung her zwischen Objekt und Prädikat, indem Sie sie mit Pfeilen verknüpfen.
2. Schreiben Sie zu den angegebenen Prädikaten aus dem Text die Frage nach dem Objekt und das Objekt selbst aus dem Text in Tabellenform auf ein Blatt Papier, wie im Folgenden angegeben:

Prädikat	Frage nach dem/den Objekt(en)	Objekt
habere dicuntur	Wen oder was sollen sie haben?	centum pagos

Bauplan: Kunst des Lesens

Zweiter Leseschritt: Sinneinheiten und Wortblöcke (vgl. Kap. A 4.2, B 2. und 3.)

Im nächsten Leseschritt, in dem Sinneinheiten und Wortblöcke im Satz erfasst werden sollen, konzentrieren wir uns auf die **Substantive mit ihren Attributen** und auf die **Reihungen** im Satz.

Übung B 10

Machen Sie im Text S. 29 alle |zusammengehörigen Wortgruppen| durch kleine Striche (|...|) sichtbar.

Zuletzt müssen noch die **adverbialen Bestimmungen (Adverbialia)** herausgefunden und ausgegrenzt werden. Übergehen Sie dabei großzügig zunächst schwer zuzuordnende Satzteile zugunsten solcher Passagen, die sich leicht gruppieren lassen.

Wenn Sie den **Satzkern** und die **Objekt(e)** zweifelsfrei erkannt haben, müssen alle übrigen Wörter **freie Angaben** sein, die Sie nach und nach zuordnen können, wenn Sie erst einmal einen groben Überblick haben.

Übung B 11

Übersetzen Sie den Text!

Die großen Stolpersteine: A.c.i., die Partizipialkonstruktionen und die nd-Formen

Das Lateinische besitzt eine Reihe von Ausdrucksmöglichkeiten, die dem Deutschen fremd sind. Dazu gehören vor allem der **A.c.i. (Akkusativ mit Infinitiv)**, die **Partizipialkonstruktionen (Participium coniunctum** und **Ablativ mit Partizip)** und die **nd-Formen**. Sie sind im eigentlichen Sinn „unübersetzbar". Jede deutsche Übersetzung kann nur eine Annäherung an die lateinische Ausdrucksweise sein und führt uns meist schon weit in die Interpretation hinein.

Aber mithilfe unseres Bauplanes, den wir auch bei den häufigsten Übersetzungsproblemen transparent machen wollen, lassen sich selbst scheinbar unübersichtliche und schwer entwirrbare Konstruktionen bewältigen.

Alle oben genannten Ausdrücke des Lateinischen haben durch die Verbindung mit einer Verbform (Partizip, Infinitiv oder nd-Form) fast die **Funktion eines Nebensatzes**, obwohl sie nur als **Satzglieder** erscheinen.
Man spricht deshalb auch von Zwischenformen zwischen Satzglied und Nebensatz, von **satzwertigen Konstruktionen**.
Sie ermöglichen der lateinischen Sprache, eine Fülle von Informationen in einen einzigen Satz zu packen.
Im Deutschen lösen wir diese gedrängte Ausdrucksweise zumeist in **Nebensätze** auf. Nur in wenigen einfachen Fällen ist eine dem Lateinischen ähnliche Konstruktion möglich.

1. Der Akkusativ mit Infinitiv (A.c.i.)

1.1 Funktion und Signale

Wie Sie vermutlich längst aus dem Schulunterricht wissen, übernimmt der **Akkusativ mit Infinitiv** (*accusativus cum infinitivo*, A.c.i.) im lateinischen Satz die Funktion des **Akkusativobjekts**, gelegentlich aber auch die des **Subjekts**. Durch den Infinitiv ist der A.c.i. zwar meist relativ leicht zu erkennen, in längeren Sätzen aber kann man oft nicht so einfach feststellen, was nun alles zum A.c.i. gehört. Deshalb gilt es, noch **vor der Übersetzung** den A.c.i. sorgfältig aus seinem Umfeld heraus zu lösen, zumal er im Deutschen sowieso als Nebensatz wiedergegeben wird.

Der A.c.i. hat verschiedene **Signale**.

Beispiel | *Cicero Romanos animo forti magnas res peregisse docuit.*

Das **erste Signal** ist zunächst einmal die **Wortbedeutung des übergeordneten Verbs**. Bei unserem Beispielsatz ist das übergeordnete Verb *docuit*.

 Welche Verben den A.c.i. immer verlangen, können Sie aus dem Grammatischen Anhang (vgl. unter 3.1 Verben mit A.c.i. ...) ersehen und wiederholen.

Übung

1. Suchen Sie aus dem folgenden Text alle **Prädikate** heraus und tragen Sie sie mit deutscher Übersetzung in die 1. und 2. Spalte der Tabelle ein.

2. In der 3. Spalte notieren Sie, ob das jeweilige Prädikat aufgrund seiner Bedeutung den A.c.i. bei sich hat.

Nach einem Unwetter besichtigt Cäsar seine Flotte *Text*

His rebus constitutis Caesar ad portum Itium cum legionibus pervenit. Ibi cognoscit LX naves, quae in Meldis factae erant, tempestate reiectas cursum tenere non potuisse. Eodem equitatus totius Galliae convenit numero milia quattuor principesque ex omnibus civitatibus. Ex quibus perpaucos relinquere in Gallia, reliquos secum ducere decreverat. (Caes. Gall. V, 5, 1–3, gekürzt)

Prädikat	deutsche Übersetzung	A.c.i. ja/nein

Das **zweite Signal** für den A.c.i. ist der **Infinitiv**, dessen Endungen meist relativ leicht auszumachen sind. Die **Tempora** der Infinitive drücken dabei immer das **Zeitverhältnis** zum übergeordneten Verb aus.

A.c.i.: Funktion und Signale

Die **Formen der Infinitive** sind im Grammatischen Anhang aufgeführt (vgl. 3.2 Zeitverhältnisse im A.c.i. ...) und können dort, falls Sie sie vergessen haben, wiederholt werden.

Überprüfen Sie Ihre Kenntnisse an der folgenden Übung.

1. Schreiben Sie aus dem Text der vorigen Übung alle einem A.c.i. **übergeordneten Verben** heraus, dazu die **Infinitive der A.c.i.**

2. Welches **Zeitverhältnis** ist durch die Infinitive zum übergeordneten Verb hergestellt?

übergeordnetes Verb	Infinitiv	Zeitverhältnis

3. Übersetzen Sie den Text!

Die Auslassung (Ellipse):
Eine große Schwierigkeit, den A.c.i. zu erkennen, besteht oft darin, dass *esse* als Infinitiv Präsens oder als Bestandteil des Infinitiv Perfekt Passiv eines anderen Verbs **weggelassen** ist.

Diese **Auslassung** *(Ellipse)* wird vor allem von Schriftstellern bevorzugt, die eine Vorliebe für eine gedrängte und prägnante Sprache haben (z. B. von Sallust oder Tacitus).

Ergänzen Sie in dem folgenden Satz das im A.c.i. fehlende *esse* und übersetzen Sie anschließend.

Text | **Sallusts Urteil über die Gründe für die Größe Roms**

Ac mihi multa agitanti constabat paucorum civium egregiam virtutem cuncta patravisse, eoque factum, uti divitias paupertas, multitudinem paucitas superaret. (Sall. Catil. 53, 4)

Das **dritte Signal** ist der **Akkusativ des A.c.i.** Mit ihm sind allerdings einige Schwierigkeiten verbunden, da er nicht immer leicht auszumachen ist:

> 1. Der **Akkusativ des A.c.i.** kann auch ein **Reflexivpronomen** sein. Allzu leicht übersieht man ein kleines <u>se</u> und schon fehlt ein wichtiger Bestandteil des A.c.i.
> 2. **Reflexivpronomina** können sich entweder auf das **Subjekt** des Satzes oder auf den **Akkusativ** des A.c.i. beziehen.
> 3. Unklarheiten entstehen vor allem bei längeren A.c.i.-Konstruktionen, z. B. in der indirekten Rede. Der richtige Bezug lässt sich oft erst bei der Übersetzung herstellen.

Hierzu eine Übung:

Fügen Sie in den folgenden Lückentext die (richtigen!) **deutschen Pronomina** ein:

Cicero über die Verwicklung der Gallier in die Catilinarische Verschwörung

Text und Übersetzung

Introducti autem Galli ius iurandum <u>sibi</u> et litteras ab Lentulo, Cethego, Statilio ad <u>suam</u> gentem datas esse dixerunt, … Lentulum autem <u>sibi</u> confirmasse ex fatis Sibyllinis haruspicumque responsis <u>se</u> esse tertium illum Cornelium, ad quem regnum huius urbis atque imperium pervenire esset necesse. (Cic. Catil. III, 4, 9)

Nachdem die Gallier hereingeführt worden waren, sagten sie aus, dass ………. ein Eid und ein Brief von Lentulus, Cethegus und Statilius an ………. Volk gegeben worden sei, … Lentulus aber habe ………. versichert, dass nach den sibyllinischen Orakeln und den Antworten der Opferschauer ………. jener dritte Cornelius sei, an den die Königsherrschaft über diese Stadt und die Befehlsgewalt kommen müsse.

Die Schwierigkeiten mit den Pronomina generell (*is, ea, id; ille; se, sibi; hic, haec, hoc* usw.) hängen häufig mit der **deutschen** Ausdrucksweise zusammen:

Das im Deutschen gebrauchte **Demonstrativ-** bzw. **Possessivpronomen** lässt oft nicht klar erkennen, **wer** eigentlich gemeint ist. Durch verdeutlichende Zusätze (*selbst, eigen, dieser* usw.) muss dann Klarheit geschaffen werden.

Dies kann in der folgenden Übersetzung geübt werden.

1. Analysieren Sie zunächst den folgenden Satz, d. h. lösen Sie zuerst **Subjekt** und **Prädikat** aus dem Satz heraus und dann den **A.c.i.**

2. Übersetzen Sie zuerst mit dem einfachen deutschen **Personalpronomen** (*er, sie, es*) bzw. **Possessivpronomen**.

3. Versuchen Sie dann, durch verdeutlichende Zusätze die Bezüge klarzustellen.

Die Auflehnung der Veneter gegen Cäsar *Text und Übersetzung*

Ab his fit initium retinendi Silii atque Velanii et si quos intercipere potuerunt, quod per eos suos se obsides, quos Crasso dedissent, recuperaturos existimabant. (Caes. Gall. III, 8, 2)

Sie (die Veneter) machten den Anfang damit, Silius, Velanius und alle, deren sie habhaft werden konnten, festzuhalten, weil _____

_____

_____

1.2 Die Übersetzung des A.c.i.

Nachdem Sie nun die drei Signale des A.c.i. kennen, wollen wir uns den Vorgang des Übersetzens in ganz kleinen Schritten deutlich machen.

1. **Zuerst** brauchen Sie **Zeichen**, um den A.c.i. aus dem Satz hervorzuheben. Am besten unterstreichen Sie das <u>übergeordnete Verb</u> und grenzen den Anfang und das Ende des A.c.i. durch <spitze Klammern> ab:

   Cicero <Romanos animo forti magnas res peregisse> <u>docuit</u>.

2. **Dann** überlegen Sie sich das **Zeitverhältnis** zwischen dem übergeordneten Verb und dem Infinitiv des A.c.i.

3. **Erst jetzt**, und unter keinen Umständen vorher, können Sie an eine **Übersetzung** gehen.

Dabei gilt als eiserne Regel:

Der **A.c.i.** wird im Deutschen durch einen Nebensatz mit **dass** eingeleitet. Der **Akkusativ** des A.c.i. wird zum **Subjekt**, der **Infinitiv** zum **Prädikat**.

Unser Übungsbuch bietet im Grammatischen Anhang (vgl. 3.3 Übersetzungsmöglichkeiten des A.c.i.) **weitere Übersetzungsmöglichkeiten** an.

1.3 Der A.c.i. als Baustein im Satz

Es wird Sie kaum überraschen, dass der A.c.i. als Satzteil nach einem ähnlichen, geheimen Bauplan aufgebaut ist wie der Rest des lateinischen Gesamtsatzes (vgl. S. 7f., 9ff., 17ff.).

Der A.c.i. ist in den Satz wie ein **Baustein** eingefügt und nur in gewissen Grenzen flexibel. Es gibt eine **Normalstellung** und nur wenige **abweichende Varianten**.
Die Positionen von Akkusativ und Infinitiv innerhalb des A.c.i. sind, ähnlich wie die Stellung von Subjekt und Prädikat im Einzelsatz, weitgehend festgelegt.

Es lohnt also, sich sehr intensiv mit dem Bauplan des A.c.i., wie er im Folgenden erläutert wird, zu beschäftigen.

Die Normalstellung (Rahmen- oder Klammerstellung)

Der A.c.i. wird von **Subjekt** und **Prädikat** des übergeordneten Verbs **eingerahmt**. Das A.c.i.-Element lässt sich also schälen wie eine Zwiebel.

Die Erklärung für diesen Einschluss des A.c.i. in den Gesamtsatz ergibt sich aus der **Funktion des A.c.i.**, der nichts anderes ist als ein **Akkusativobjekt**. Deshalb steht er **vor dem Prädikat**. Daraus ergibt sich folgender Bauplan:

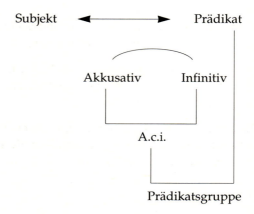

Am häufigsten ist beim A.c.i. die **Rahmenstellung**, die Sie schon in Kap. A 2. kennen gelernt haben:
Der Akkusativ und der Infinitiv rahmen die dazugehörigen Satzglieder ein.

Cicero <Romanos animo forti magnas res peregisse> docuit. | *Beispiel*

Die Lesebewegung und damit der erste Schritt zur Übersetzung vollzieht sich analog zum bereits analysierten Einzelsatz:

1. Den großen Rahmen bilden das Subjekt *Cicero* und das übergeordnete Prädikat *docuit*. Sie müssen zuerst übersetzt werden.
2. *Romanos* und *peregisse*, die Hauptbestandteile des A.c.i., kristallisieren sich als innerer Rahmen heraus. Hier wird gemäß den Grammatikregeln für den A.c.i. mit *dass* übersetzt.
3. Die eingeschlossenen Ausdrücke *animo forti* und *magnas res* sind Umstandsbestimmung und Akkusativobjekt zum Infinitiv *peregisse*. Sie können erst zum Schluss übersetzt werden.

Die Übersetzung lautet also:

Cicero wies nach, dass die Römer durch Tapferkeit große Dinge durchgeführt haben. | *Beispiel: Übersetzung*

In den folgenden Übungen lernen Sie, die A.c.i.-Konstruktionen auf Anhieb zu erkennen und mit den entsprechenden Anmerkungen zu kennzeichnen.

Übung C 6

Lösen Sie also mithilfe der oben gelernten Signale (Kap. C 1.1) aus den folgenden Texten **nur** die **A.c.i-Konstruktionen** heraus:

a) Unterstreichen Sie farbig und doppelt das den A.c.i. regierende Verb (und ein evtl. dazugehöriges Subjekt) und versehen Sie die <A.c.i.-Konstruktion> mit spitzen Klammern.

b) Unterstreichen Sie darin dann Infinitiv(e) und Akkusativ(e).

c) Übersetzen Sie Satz 1 bis 3.

Text

1. Als erster von den gallischen Stämmen entschließen sich die Carnuten zum Kampf gegen Cäsar

His rebus agitatis Carnutes se communis salutis causa nullum periculum recusare principesque ex omnibus bellum facturos pollicentur, ...

(Caes. Gall. VII, 2, 1 mit Umstellungen)

2. Rascher Aufbruch Cäsars

Caesar praemisso equitatu confestim legiones subsequi iussit.

(Caes. Gall. V, 18, 4)

3. Menschenopfer bei den Galliern

(Galli) supplicia eorum, qui in furto aut latrocinio aut aliqua noxia sint comprehensi, gratiora dis immortalibus esse arbitrantur. (Caes. Gall. VI, 16, 5)

4. Die Opferschauer sagen schreckliches Unglück voraus, falls die Götter nicht dazu gebracht würden, das Schicksal abzuwenden

... haruspices ... caedes atque incendia et legum interitum et bellum civile ac domesticum et totius urbis atque imperii occasum appropinquare dixerunt, nisi di immortales omni ratione placati suo numine prope fata ipsa flexissent.

(Cic. Catil. III, 8, 19)

5. Cicero zählt in der 3. Rede gegen Catilina die bisherigen Erfolge auf

Text (Fortsetzung)

Rem publicam, Quirites, vitamque omnium vestrum, bona, fortunas, coniuges liberosque vestros atque hoc domicilium clarissimi imperii, fortunatissimam pulcherrimamque urbem hodierno die deorum immortalium summo erga vos amore, laboribus, consiliis, periculis meis e flamma atque ferro ac paene ex faucibus fati ereptam et vobis conservatam ac restitutam (esse) videtis. (Cic. Catil. III, 1, 1)

Jetzt dürfte es keine Probleme mehr geben, den Baustein des normalen A.c.i. (Rahmenstellung) aus dem Satz herauszulösen, oder?

Die Pseudoklammerstellung

Leider gibt es auch beim A.c.i. **Abwandlungen** von der **Normalstellung:**

Da vor allem beim Sprechen bzw. Vorlesen der A.c.i. nicht unmittelbar erkennbar ist, wenn das übergeordnete Verb erst am Schluss steht, befinden sich Subjekt und übergeordnetes Verb oft am **Anfang oder am Ende des Satzes**.

Subjekt und Verb bilden dann **keine geschlossene Klammer** mehr um den A.c.i.; man spricht deshalb von einer **Pseudoklammer**. Das geschieht vor allem dann, wenn das Subjekt bereits im Verb enthalten ist.

A.c.i.: als Baustein (Pseudoklammerstellung)

In unserem Modell sieht das dann folgendermaßen aus:

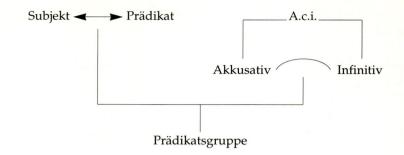

Beispiel | Cicero docuit <Romanos animo forti magnas res peregisse>.

a) Lösen Sie mithilfe der bereits bekannten Markierungen aus den folgenden Textstellen die <A.c.i.-Konstruktionen> heraus.

b) Schreiben Sie die Hauptbestandteile der Konstruktion so auf, dass sie die **Normalstellung** annehmen.

c) Übersetzen Sie dann die Texte!

Text | **1. Glück im Unglück**

Attici labore atque industria factum est, ut eodem nuntio Saufeius certior fieret se patrimonium amisisse et recuperavisse. (Nep. Att. 12, 3)

2. Ariovist lässt Cäsar nicht in Ruhe

Cum tridui viam processisset, nuntiatum est ei Ariovistum cum suis omnibus copiis ad occupandum Vesontionem contendere. (Caes. Gall. I, 38, 1)

3. Vom wahren Reichtum

Nihil sibi deesse putat, nihil curat amplius, satiatus est aut contentus etiam pecunia. (Cic. parad. 42)

4. Der Mensch hat die Wahl zwischen zwei Wegen

Duas esse humanae vitae vias nec philosophis ignotum fuit nec poetis, sed eas utrique diverso modo induxerant. (Lact. epit. 54)

Voranstellung oder Nachklappen eines Satzteils aus dem A.c.i.

Die bisher behandelten Stellungsregeln liefern das Grundmuster für den Gebrauch des A.c.i.

Aber die Römer wären nicht die Römer, wenn sie nicht auch hier Variationen liebten. Sie setzen Abweichungen von dem gewohnten Schema ganz bewusst ein, um den Leser bzw. Hörer sozusagen im Geiste stolpern zu lassen, d. h. um seine Aufmerksamkeit ganz besonders auf denjenigen Teil des Satzes zu lenken, der durch seine Stellung von besonderer Bedeutung ist.

Das Prinzip ist eigentlich immer dasselbe: **Ein Teil des A.c.i.** wird aus der geschlossenen Stellung herausgenommen und an die betonten Stellen entweder an den **Anfang** oder an das **Ende des Satzes** gestellt. Das Satzglied **klappt** also **nach** oder setzt sich **an die Spitze**.

Beispiele

Voranstellung:

Cicero <animo forti Romanos magnas res peregisse> docuit.

Nachklappen:

Cicero <Romanos magnas res peregisse animo forti> docuit.

Aber: Das Nachklappen eines Teiles des A.c.i. kommt nur sehr selten vor.

Wenn Sie sich den lateinischen Satzbauplan bisher gut eingeprägt haben, werden Sie in Zukunft auch solche relativ seltenen Abweichungen sicher erkennen.

Übung C 8

a) Suchen Sie in den folgenden Sätzen den A.c.i. und das regierende Verb mit Subjekt:

Wo liegt eine Abweichung von der Normalstellung des A.c.i. (vgl. S. 38ff.) vor: Voranstellung oder Nachklappen?

b) Übersetzen Sie die Texte!

Beispiel

1. Der Glaube der gallischen Druiden

Druides ... in primis hoc volunt persuadere non interire animas, sed ab aliis post mortem transire ad alios, atque hoc maxime ad virtutem excitari putant metu mortis neglecto. (Caes. Gall. VI, 14, 5)

2. Der Gott Merkur bei den Galliern

Huius (sc. Mercurii) sunt plurima simulacra, hunc omnium inventorem artium ferunt, hunc viarum atque itinerum ducem, hunc ad quaestus pecuniae mercaturasque habere vim maximam arbitrantur. (Caes. Gall. VI, 17, 1)

3. Warum Cäsar über den Rhein will

... illa (causa) fuit iustissima, quod ... suis quoque rebus Germanos timere voluit. (Caes. Gall. IV, 16, 1)

Zum Abschluss überprüfen Sie Ihre Kenntnisse an folgenden zwei Übungen.

Übung C 9

Stellungsregeln:
Formulieren Sie nun (jeweils in einem kurzen Satz) die Regeln zu den drei Möglichkeiten, einen A.c.i. in einen Satz einzufügen!

a) Normalstellung: _____

_____

_____

_____

b) Pseudoklammerstellung: _____

_____

_____

_____

c) Abweichung von der Normalstellung: _____

_____

_____

a) Bereiten Sie folgende Sätze für die Übersetzung vor, indem Sie den <A.c.i.> durch spitze Klammern vom Satzganzen abgrenzen und <u>Subjekt</u> und <u>übergeordnetes Verb</u> doppelt farbig unterstreichen, den <u>Akkusativ</u> und den <u>Infinitiv des A.c.i.</u> unterstreichen Sie einfach.

b) Wenn Sie auf diese Art und Weise Überblick gewonnen haben, übersetzen Sie den ersten Satz!

1. Sallust über die Erfolge Roms

Sciebam (populum Romanum) saepenumero parva manu cum magnis legionibus contendisse; cognoveram parvis copiis bella gesta cum opulentis regibus, ad hoc saepe fortunae violentiam toleravisse, facundia Graecos, gloria belli Gallos ante Romanos fuisse. (Sall. Catil. 53, 3)

2. Vor dem Kampf gegen Cäsar rechnen sich die Veneter ihre Vorteile gegen die Römer aus

Pedestria esse itinera concisa aestuariis, navigationem impeditam propter inscientiam locorum paucitatemque portuum sciebant; neque nostros exercitus propter frumenti inopiam diutius apud se morari posse confidebant; ac iam ut omnia contra opinionem acciderent, tamen se plurimum navibus posse, Romanos neque ullam facultatem habere navium neque eorum locorum, ubi bellum gesturi essent, vada portus insulas novisse; ac longe aliam esse navigationem in concluso mari atque in apertissimo Oceano perspiciebant. (Caes. Gall. III, 9, 4–6)

2. Partizipialkonstruktionen

Neben dem A.c.i. sind es im Lateinischen vor allem die **Partizipialkonstruktionen**, die es erlauben, in einem einfachen Satz eine Fülle von Informationen unterzubringen. Partizipien gibt es auch **im Deutschen**, doch ihr **Gebrauch** ist **seltener**. Meist werden sie als einfache Attribute gebraucht, z. B. *ein lachendes* Kind.

Im Lateinischen gibt es **zwei Formen** von **Partizipialkonstruktionen**, die unterschiedliche Funktionen im Satz einnehmen:

1. Ähnlich wie im Deutschen hat das **Participium coniunctum**, das im folgenden Kapitel ausführlich erläutert wird, die Funktion eines **Attributes**.

2. Die dem Lateinischen eigentümliche Form des **Ablativ mit Partizip (AmP)**, des sog. **Ablativus absolutus** (vgl. Kap. C 2.2), ist *absolut*, d. h. losgelöst vom Satzganzen nur insofern, als er als freie Angabe die Stelle einer **adverbialen Bestimmung** einnimmt.

Ähnlich wie der A.c.i. unterscheiden sich auch die **Partizipialkonstruktionen** dadurch von einem normalen Satzglied (z. B. einem adjektivischen Attribut), dass sie

1. ein **Zeitverhältnis** zum Prädikat herstellen.

	vorzeitig	gleichzeitig	nachzeitig
Aktiv		laudans	laudaturus
Passiv	laudatus		

(Es gibt nur 3 Partizipien!)

Ein gleichzeitiges Geschehen kann lateinisch **nur im Aktiv**, ein vorzeitiges **nur im Passiv** ausgedrückt werden. Die im Deutschen z. B. bestehende Möglichkeit des Partizip Perfekt Aktiv[1] besteht im Lateinischen außer bei Deponentia nicht. Diese Unterschiede müssen für die Übersetzung genau beachtet werden.

2. selbst wieder durch Objekte, Adverbialia usw. **ergänzt** und **erweitert** werden können.

[1] Beispiel: *Ins Haus getreten erkannte ich, dass alles von Dieben durchwühlt war.*

Ausführlichere Informationen im Grammatischen Anhang (vgl. 4.1 Zeitverhältnisse, Formen und Besonderheiten des Partizips).

Jetzt dürfte es nicht mehr allzu schwer sein, aus dem unten stehenden Caesartext **alle Partizipien**, die nicht Teil einer Verbform sind, herauszusuchen und in die Tabelle die **grammatische Bezeichnung** und das **Zeitverhältnis** einzutragen, das durch diese Partizipien ausgedrückt wird!

Text

Cäsars Rheinübergang

Diebus decem, quibus materia coepta erat comportari, omni opere effecto exercitus traducitur. Caesar ad utramque partem pontis firmo praesidio relicto in fines Sugambrorum contendit. Interim a compluribus civitatibus ad eum legati veniunt. Quibus pacem atque amicitiam petentibus liberaliter respondet obsidesque ad se adduci iubet. At Sugambri ex eo tempore, quo pons institui coeptus est, fuga comparata hortantibus iis, quos ex Tencteris atque Usipetibus apud se habebant, finibus suis excesserant suaque omnia exportaverant seque in solitudinem ac silvas abdiderant. (Caes. Gall. IV, 18)

Partizip	Gramm. Bezeichnung	Zeitverhältnis

Die durch Objekte und adverbiale Bestimmungen **erweiterten Partizipialkonstruktionen** des Lateinischen (z. B. in der Übung C 11 / Satz 2: … *ad utramque partem pontis* … *praesidio relicto* …) bilden ähnlich wie der A.c.i. eine **Zwischenform** zwischen Nebensatz und einfachem Satzglied.

Solche Partizipialkonstruktionen können im Deutschen durch einen **Nebensatz** wiedergegeben werden.

Deshalb ist es ganz besonders wichtig, genau abzugrenzen, was zum Partizip – und damit in den **deutschen Nebensatz** – und welche Bestandteile in den **deutschen Hauptsatz** gehören.

Wie grenzt man nun eine Partizipialkonstruktion ab? Das richtet sich jeweils nach ihrer Funktion im Satz und ist beim Participium coniunctum und beim Ablativ mit Partizip unterschiedlich.

2.1 Das Participium coniunctum

Da das **Participium coniunctum** die Stelle eines **Attributes** einnimmt, kann es im Prinzip als Adjektiv **jedes Nomen** des Satzes ergänzen.

Im Gegensatz zu einfachen Attributen steht das Partizip jedoch (leider!) oft **weit vom dazugehörigen Nomen entfernt**.
Erweiterte Partizipialkonstruktionen finden sich aber in der Regel nur beim **Subjekt** und beim **Akkusativobjekt**.

Als Attribut ist das Participium coniunctum eine **freie Angabe** im Satz, seine Abgrenzung erfolgt zunächst durch die Bestimmung der notwendigen Bestandteile des Satzes, wie wir dies im ersten Teil dieses Buches behandelt haben.

Vergegenwärtigen Sie sich die Regeln des Kapitels B 4. Ars Legendi und wenden Sie sie mithilfe des unten stehenden Lückentextes auf folgenden Mustersatz an:

Beispiel: Mustersatz | *Itaque cives oppidum fortiter defendentes impetum reppulerunt.*

Der Satzkern (Subjekt und Prädikat) besteht aus: _____

_____. Das Verb heißt auf Deutsch: _____.

Es ist ein _____wertiges Verb und erfordert daher _____ Objekt in

folgendem Kasus: _____. Die Prädikatsgruppe,

d.h. die enge Verbindung von _____ und _____

_____, lautet deshalb _____.

Wir haben hier das „Programm", das in Ihrem Kopf zum Erfassen der syntaktischen Struktur des Satzes ablaufen muss, absichtlich noch einmal ganz ausführlich vorgeführt, um für die häufig sehr langen Partizipialkonstruktionen die Notwendigkeit der Abgrenzung zu verdeutlichen.

- Ohne die Berücksichtigung der Regel von der **Prädikatsgruppe** (das Objekt steht gewöhnlich direkt vor dem Prädikat) stünden Ihnen von der Endung, d. h. vom Kasus her, scheinbar **zwei Nomina** für das Verb zur Verfügung, nämlich *oppidum* und *impetum*.
- **Nach** der richtigen **Bestimmung** der **notwendigen Satzglieder** bleibt die Partizipialkonstruktion sozusagen „übrig", sie schält sich wie besagte Zwiebel (vgl. so auch beim A.c.i. S. 38) heraus.

2.1.1 Die Übersetzung des Participium coniunctum

Wie wird das **Participium coniunctum** nun übersetzt? Zunächst einmal muss es im Satz hervorgehoben werden. Markieren Sie es dazu mit den Strichen ❙   ❙ (vgl. S. 6), die wir für die Kennzeichnung des Attributs (das Participium coniunctum wird ja als Attribut gebraucht!) verwendet haben, und unterstreichen Sie dann Partizip und Bezugswort.

Unser Mustersatz sieht dann folgendermaßen aus:

Itaque ❙*cives oppidum fortiter defendentes*❙ *impetum reppulerunt.*   ❙ *Beispiel: Mustersatz*

Als Grundregel für die deutsche Übersetzung gilt:

> Das **Participium coniunctum** wird durch einen deutschen **Relativsatz** wiedergegeben.

Deshalb schlugen die Bürger, **die** *die Stadt tapfer verteidigten, den Angriff zurück.*   ❙ *Beispiel: Übersetzung*

Eine **Ausnahme** von dieser Regel ist nur dann notwendig, wenn **kein Bezugswort** zum Partizip vorhanden ist, weil es z. B. bereits im Verb enthalten ist.

In diesem Fall kann das **Bezugswort** oder ein **Pronomen** entweder für einen deutschen Relativsatz **ergänzt** werden oder es empfiehlt sich ein **Temporalsatz** *(als, nachdem, während)*.

Beachten Sie dabei immer das Zeitverhältnis!

Übung C 13 Übersetzen Sie dazu nun den abgewandelten Beispielsatz:

Beispiel | *Itaque oppidum fortiter defendentes fame laborabant.*

Eine treffendere oder besonders elegante deutsche Übersetzung sollte immer erst dann erfolgen, wenn Sie das Satzganze voll im Griff haben.

→ Ausführlichere Informationen im Grammatischen Anhang (vgl. 4.2 Übersetzungsmöglichkeiten für das Participium coniunctum).

2.1.2 Das Participium coniunctum als Baustein

Auch das Participium coniunctum ist ein wichtiger Baustein in unserem lateinischen Satzbauplan. Wo dieser Baustein überall eingefügt werden kann, werden wir uns jetzt einmal ganz genau ansehen.

Die Normalstellung (Rahmen- oder Klammerstellung)

Die Schwierigkeiten beim Abgrenzen der Partizipialkonstruktionen wurden ja bereits erwähnt. Erleichtert wird es durch die Wortstellung der Partizipialkonstruktion selbst. Am häufigsten ist die so genannte **Rahmen- oder Klammerstellung**, die Sie schon kennengelernt haben beim A.c.i. (vgl. S. 38 ff.) und in Kap. A 2. (S. 9 ff.).

 Bezugswort und Partizip rahmen die Satzglieder, die vom Partizip abhängen, ein.

Diese Rahmen- oder Klammerstellung wird deshalb ganz einfach **Normalstellung** genannt.

Hier je ein Beispiel für die **Normalstellung** des Participium coniunctum

beim Subjekt:

Beispiel 1 | *Itaque ⌊cives oppidum fortiter defendentes⌋ fame laborabant.*

beim Objekt:

Beispiel 2 | *Itaque cives frustra ⌊auxilium diu a sociis promissum⌋ exspectabant.*

Wie wichtig es ist, bei der Übersetzung die Wortstellung genau zu beachten, zeigt vor allem der zweite Beispielsatz: Wenn Sie die **adverbiale Bestimmung** *diu* – lange aus der Partizipialkonstruktion herausnehmen und in den deutschen Hauptsatz einfügen, verändert sich der Sinn vollständig, denn richtig lautet die Übersetzung:

*Deshalb erwarteten die Bürger vergebens die Hilfe, die von den Bundesgenossen **lange** versprochen worden war.*	Beispiel: Übersetzung 1

Ziehen Sie das *lange* dagegen in den Hauptsatz, entsteht der Eindruck, dass die Hilfe doch noch kam:

*Deshalb erwarteten die Bürger **lange** vergebens die Hilfe, die von den Bundesgenossen versprochen worden war.*	Beispiel: Übersetzung 2

a) In den folgenden Sätzen sind die **Partizipien** des **Participium coniunctum** unterstrichen. Suchen und unterstreichen Sie das **Bezugswort** und kennzeichnen Sie die ❙Partizipialkonstruktion❙ mithilfe der Markierung auf S. 6.

b) Übersetzen Sie anschließend.

1. Der Kampf in Britannien beginnt

At barbari reliquis copiis subsecuti nostros navibus egredi prohibebant. (Caes. Gall. IV, 24, 1)

2. Cicero droht Catilina

Catilinam orbem terrae caede atque incendiis vastare cupientem nos consules perferemus? (Cic. Cat. I, 1, 3)

Die Pseudoklammerstellung

Die „klassische" Rahmen- oder Klammerstellung ist aber natürlich nicht die einzige Form, in der das Participium coniunctum auftaucht. Eine Abwandlung der Normalstellung, die besonders bei Caesar beliebt ist, bezeichnen wir wieder – wie schon beim A.c.i. (vgl. S. 41) – als **Pseudoklammerstellung**.

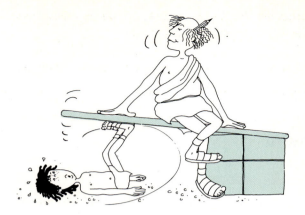

 Die **Klammer** wird dabei durch den **Satzanfang** und das **Partizip** gebildet.

Oft steht das **Bezugswort direkt neben dem Partizip** und markiert sozusagen doppelt das **Ende der Partizipialkonstruktion**.

Die **Pseudoklammerstellung** kommt aber vor allem dann vor, wenn das **Bezugswort fehlt**.

Beispiel | *Itaque ❘oppidum fortiter <u>defendentes</u> cives❘ fame laborabant.*

Das weit nach hinten gerückte Subjekt und das Partizip teilen den Satz wie eine Barriere in zwei Teile.
Damit wird auch die Wirkung verdeutlicht, die durch diese Pseudoklammerstellung erreicht werden kann:

An den im lateinischen Satz besonders betonten **Satzanfang** kann **der Teil des Participium coniunctum** treten, der dem Autor besonders wichtig erscheint. Die Barriere aus Bezugswort und Partizip gibt dem Ganzen noch einmal Nachdruck.

In den nachfolgenden Übungen wird dieses Prinzip verdeutlicht.

Übung C 15

Auch in den folgenden Texten sind die <u>Partizipien</u> der Participia coniuncta unterstrichen.

a) Unterstreichen Sie das jeweilige <u>Bezugswort</u> und markieren Sie die ❘Partizipialkonstruktion❘.

b) Übersetzen Sie dann die Sätze.

Die Römer schlagen die Remer zurück, die einen Fluss überqueren und eine römische Befestigung erobern wollen

Hostes impeditos nostri in flumine aggressi magnum eorum numerum occiderunt: per eorum corpora reliquos audacissime transire conantes multitudine telorum reppulerunt primosque, qui transierant, equitatu circumventos interfecerunt. (Caes. Gall. II, 10, 3)

Lösen Sie aus den folgenden Texten die Partizipialkonstruktion heraus und versuchen Sie, sie in Ihrem Arbeitsheft in **Normalstellung** zu bringen.
In welchen Fällen ist dies nicht möglich und warum?

Übung C 16

1. Die Briten erschrecken über die merkwürdigen Invasoren auf ihrer Insel

Nam et navium figura et remorum motu et inusitato genere tormentorum permoti barbari constiterunt. (Caes. Gall. IV, 25, 2)

2. Die Briten wählen nach dem Auftauchen der Römer Cassivelaunus zu ihrem Führer

Sed nostro adventu permoti Britanni hunc toti bello imperioque praefecerant. (Caes. Gall. V, 11, 9)

3. Schwierigkeiten bei der Landung Cäsars in Britannien

Hunc ad egrediendum nequaquam idoneum locum arbitratus, dum reliquae naves eo convenirent, ad horam nonam in ancoris exspectavit.
(Caes. Gall. IV, 23, 4)

4. Quibus rebus nostri perterriti atque huius omnino generis pugnae imperiti non eadem alacritate et studio, quo in pedestribus uti proeliis consueverant, utebantur. (Caes. Gall. IV, 24, 4)

5. Kaiser Claudius über den Beitrag der Nichtrömer zur Größe Roms

Iam moribus artibus adfinitatibus nostris mixti aurum et opes suas inferant potius quam separati habeant. (Tac. ann. XI, 24)

Voranstellung oder Nachklappen eines Satzteiles beim Participium coniunctum

Ähnlich wie wir dies bereits beim A.c.i. aufgezeigt haben, wird manchmal auch beim Partizip die Klammerstellung bewusst aufgebrochen, um ein oder mehrere Wörter besonders zu betonen.

Ein Teil der Partizipialkonstruktion, z. B. das zum Partizip gehörige Objekt, wird **dem Partizip nachgestellt** oder **vor** die gesamte Partizipialkonstruktion **gezogen**.

Für den Römer war dieses – im Deutschen ja ausgesprochen verpönte – **Nachklappen** ein bewusst eingesetztes Stilmittel und leicht erkennbar.

Wenn man nicht sehr viel Routine hat, ist es schwierig, nur durch richtiges Lesen den Zusammenhang zu erfassen. Aber auch hierfür gibt es Regeln, wie Sie gleich sehen.
Zunächst aber unser wiederum abgewandelter Beispielsatz:

Voranstellung:

Beispiel 1 | Itaque *oppidum* |cives fortiter defendentes| fame laborabant.

Nachklappen:

Beispiel 2 | Itaque |cives fortiter defendentes| *oppidum* fame laborabant.

Wenn also die Begrenzung des Partizipialausdrucks nach den bisher aufgezeigten Regeln nicht eindeutig erkennbar ist bzw. wenn bei Ihrer Satzanalyse noch Wörter übrig bleiben, dann gilt Folgendes:

1. Behandeln Sie das **Partizip** wie ein **vollwertiges Verb**, d. h. als Prädikat eines Nebensatzes, in den es ja auch im Deutschen verwandelt wird.
2. Erfragen Sie von der Bedeutung her die **notwendigen Ergänzungen**.
3. **Freie Angaben** können erst danach auf dem Hintergrund des Sinnes des Satzganzen zugeordnet werden. Nachklappen oder Voranstellung von freien Angaben ist jedoch beim Participium coniunctum äußerst selten.

a) Suchen Sie in den folgenden Texten von der Übersetzung des Partizips ausgehend die **notwendigen Ergänzungen** zusammen; stellen Sie eine **Klammerstellung** her.
b) Übersetzen Sie anschließend.

1. Cicero hält Catilina vor, wie man früher mit Staatsfeinden verfahren ist

Text

An vero amplissimus P. Scipio, pontifex maximus, Ti. Gracchum mediocriter labefactantem statum rei publicae privatus interfecit? (Cic. Catil. I, 1, 3).

2. Cäsar bricht nach Britannien auf

His constitutis rebus nactus idoneam ad navigandum tempestatem tertia fere vigilia naves solvit equitesque in ulteriorem portum progredi et naves conscendere et se sequi iussit. (Caes. Gall. IV, 23, 1)

3. Nach einigem Zögern gehen die römischen Soldaten in Britannien an Land

Tum nostri cohortati inter se, ne tantum dedecus admitteretur, universi ex navi desiluerunt. (Caes. Gall. IV, 25, 5)

2.1.3 Das Participium coniunctum in anderen Kasus

Mit Ihrem nun ganz aufs „Abgrenzen" geschulten Auge werden Sie inzwischen ohne Schwierigkeiten auch diejenigen Partizipien erkennen und auflösen können, die nicht zum Subjekt bzw. Akkusativobjekt gehören. Sie sind meistens nicht stark erweitert, in der Regel nur durch ein Objekt.

Übung C 18

In den folgenden Texten sind Partizipien unterstrichen.

a) Grenzen Sie die |Partizipialkonstruktion| ab.

b) Notieren Sie den Kasus des Partizips.

c) Welche Wortstellung liegt vor (z. B. Klammerstellung)?

Text

1. Cicero stellt die bange Frage, welche angemessene Laufbahn für den hoch begabten Brutus – unter den schwierigen politischen Bedingungen – überhaupt noch möglich ist

Nam mihi, Brute, in te intuenti crebro in mentem venit vereri, ecquoddam curriculum aliquando sit habitura tua et natura admirabilis et exquisita doctrina et singularis industria. (Cic. Brut. 6, 22)

2. Cicero über die politischen Bedingungen, die beim Menschen kein Interesse für die Redekunst aufkommen lassen

Nec enim in (sc. hominibus) constituentibus rem publicam nec in bella gerentibus nec in impeditis ac regum dominatione devictis nasci cupiditas dicendi solet: pacis est comes otiique socia et iam bene constitutae civitatis quasi alumna eloquentia. (Cic. Brut. 12, 45)

3. Kaiser Claudius nennt die Vorteile, die die Verleihung des Bürgerrechts an die Provinzialen gebracht hat

Tunc solida domi quies; et adversus externa floruimus, cum Transpadani in civitatem recepti, cum specie deductarum per orbem terrae legionum additis provincialium validissimis fesso imperio subventum est. (Tac. ann. XI, 24)

2.2 Der Ablativ mit Partizip (AmP)

Ähnlich wie beim Participium coniunctum erkennt man den **Ablativ mit Partizip** (AmP) oder **Ablativus absolutus** (Abl. abs.) mithilfe der Ausgrenzung, d. h. durch die Bestimmung aller notwendigen Bestandteile des Satzes. Dadurch bleibt dann der AmP als freie Angabe (*absolutus* = losgelöst!) übrig. Diese Ausgrenzung ist leichter als beim Participium coniunctum:

Beim AmP ist **immer ein Bezugswort** zum Partizip vorhanden.
Durch den Ablativ kann man die ganze Konstruktion (AmP) meist ohne Schwierigkeiten erkennen; sie sticht sozusagen ins Auge.

2.2.1 Die Übersetzung des AmP

Da der **AmP** die Stelle eines **Adverbiales** im lateinischen Satz einnimmt, verwenden Sie zur Abgrenzung eine [eckige Klammer] (vgl. Markierungen S. 6).

Unser Beispielsatz sieht dann so aus:

[Hoc oppido a civibus fortiter defenso] hostes se receperunt. –

Da die Stadt von den Bürgern tapfer verteidigt worden war, zogen sich die Feinde zurück.

Beispiel und Übersetzung

Als Grundregel für die deutsche Übersetzung gilt also:

> Der Ablativ mit Partizip wird meist durch einen deutschen **Temporal-** *(als, während, nachdem)* oder **Kausalsatz** *(weil, da)* wiedergegeben[1]. Bei der Übersetzung muss das **Zeitverhältnis** zum Prädikat genau beachtet werden.

[1] Ferner gibt es die *modale Auflösung* mit *indem*, die **konditionale** mit *wenn* oder die **konzessive** mit *obwohl*.

> Weil das Lateinische für die **Vorzeitigkeit** nur ein **Partizip im Passiv** besitzt, ist eine wörtliche deutsche Übersetzung oft recht schwerfällig. Eine Umwandlung ins Aktiv ist aber nur dann möglich, wenn man sich genau darüber im Klaren ist, **wer** oder **was** das Subjekt der Handlung ist.
>
> Das muss oft erst aus dem Kontext ergänzt werden.
>
> Lassen Sie im Zweifelsfall lieber die schwerfällige Passivform stehen.

Versuchen Sie aber jetzt trotzdem einmal, die Übersetzung des **AmP** in unserem Beispielsatz ins **Aktiv** umzuwandeln. Wie lautet der ganze Satz?

2.2.2 Der AmP als Baustein

Der AmP als Überleitung und Adverbiale

Da der **AmP** im lateinischen Satz wie eine **adverbiale Bestimmung** behandelt wird, kann er wie diese auch verschiedene Aufgaben im Satz übernehmen.

1. Als **Überleitung** steht er am **Satzanfang** und stellt eine logische Verbindung zum vorherigen Satz bzw. zum Gesamtkontext her. Der AmP fasst in dieser Funktion **bereits bekannte Informationen** zusammen bzw. greift sie noch einmal auf.

2. Als **Adverbiale** gibt der AmP eine **neue, zusätzliche Information** zur Hauptaussage des Satzes. In dieser Funktion steht der AmP in der Satzmitte **vor der Prädikatsgruppe**.

3. Als dritte Variante hat der AmP häufig die Funktion einer **erweiterten Überleitung**. Das bedeutet, dass der AmP nach einem kurzen Überleitungswort eine **zusätzliche Information als Vorbereitung** auf die Hauptaussage gibt.

Unser Beispielsatz kann also folgendermaßen aussehen:

Der Ablativ mit Partizip als:

Beispiele

Überleitung:

[Hoc oppido a civibus fortiter defenso] hostes se receperunt.

Adverbiale:

Tum hostes [oppido a civibus fortiter defenso] se receperunt.

Erweiterte Überleitung:

Tum [oppido a civibus fortiter defenso] hostes se receperunt.

Im Folgenden sind einige Kapitelanfänge aus Cäsars *Bellum Gallicum* zusammengestellt.

a) Übersetzen Sie diese Kapitelanfänge mit einem deutschen Nebensatz. Achten Sie dabei auf die Zeitverhältnisse.

b) Durch welche Wörter wird die Anknüpfung an bereits Gesagtes besonders hervorgehoben? Unterstreichen Sie diese Wörter!

Text

Hac oratione habita ... (Caes. Gall. I, 41, 1)

Cognito Caesaris adventu ... (ebd. 42, 1)

Hoc proelio trans Rhenum nuntiato ... (ebd. 54, 1)

Ea re constituta ... (ebd. II, 11, 1)

In den folgenden Texten sind die **[Ablative mit Partizip]** abgegrenzt.

a) Überlegen Sie anhand der Stellung im Satz, welche Funktion der AmP einnimmt. Notieren Sie das Ergebnis hinter den Texten.

b) Übersetzen Sie dann die Texte 1 bis 3.

1. Die Reaktion der Mitverschworenen auf Catilinas Vorschlag, Cicero aus dem Weg zu räumen.

Beispiel

Igitur [perterritis ac dubitantibus ceteris] C. Cornelius eques Romanus operam suam pollicitus et cum eo L. Vargunteius senator constituere (= constituerunt) ea nocte paulo post cum armatis hominibus sicuti salutatum introire ad Ciceronem ac de improviso domi suae imparatum confodere. (Sall. Catil. 28, 1)

2. Tacitus begründet, warum er die Germanen für die Ureinwohner ihres Landes hält

Quis porro, praeter periculum horridi et ignoti maris, [Asia aut Africa aut Italia relicta] Germaniam peteret, informem terris, asperam caelo, tristem cultu aspectuque, nisi si patria sit? (Tac. Germ. 2)

3. Ohne den Feldherrn Fabius Valens werden die Truppen des Vitellius im Jahre 68 n. Chr. leicht eine Beute des Feindes

[Disgresso Valente] trepidos, qui Ariminum tenebant, Cornelius Fuscus [admoto exercitu] et [missis per proxima litora Liburnicis (sc. navibus)] terra marique circumvenit. (Tac. hist. III, 42, 1)

4. Die Gefangennahme des Valens bedeutet den Anfang vom Ende für Vitellius

[Capto Valente] cuncta ad victoris opes conversa (sc. sunt), [initio per Hispaniam a prima Adiutrice legione orto], quae memoria Othonis infensa Vitellio decimam quoque ac sextam traxit. (Tac. hist. III, 44, 1)

Die Normalstellung

Entgegen seinem Ruf als böser Stolperstein lässt sich der AmP meist recht gut erkennen, weil die **Rahmen-** bzw. **Klammerstellung** (vgl. S. 9ff., 38ff. und 50) sehr oft eingehalten ist. Das Bezugswort im Ablativ und das Partizip rahmen die dazugehörigen Teile ein. In dieser Normalstellung ist Ihnen unser Beispielsatz nun schon bekannt:

Beispiel | Tum [oppido fortiter a civibus defenso] hostes se receperunt.

Übung C 22

In den Texten der vorangegangenen Übung ist in allen Fällen die **Normalstellung des AmP** im Satz eingehalten.

Partizip und **Bezugswort** können jedoch auch eine andere **Stellung innerhalb des AmP** einnehmen. Ordnen Sie daher für sich alle Partizipialkonstruktionen nach dem Vorbild des Beispielsatzes.

Die Pseudoklammerstellung

Ähnlich wie beim A.c.i. und Participium coniunctum ist auch beim AmP die **Pseudoklammerstellung** die häufigste Abwandlung der Satzstellung; die Klammer wird dabei durch **Satzanfang** bzw. **-ende** und durch das Partizip bzw. das Bezugswort gebildet.

1. Um die Barriere zwischen Hauptaussage und AmP zu verstärken, stehen Partizip und Bezugswort häufig **nebeneinander**.

2. Bei **Endstellung des AmP** dagegen steht das finite Verb oft vor der Partizipialkonstruktion.

Beispiele | **Pseudoklammerstellung am Satzanfang:**
[Fortiter a civibus oppido defenso] hostes se receperunt.

Pseudoklammerstellung am Satzende:
Hostes se receperunt [defenso oppido a civibus fortiter].

a) Grenzen Sie in den folgenden Sätzen den [AmP] durch eine eckige Klammer ab. Unterstreichen sie Partizip und Bezugswort.

b) Welche Stellung liegt jeweils vor?

c) Tragen Sie die Ergebnisse in die folgende Tabelle ein.

Übung C 23

Satz	Partizip	Bezugswort	Stellung des AmP
1			
2			
3			

d) Übersetzen Sie die Texte!

1. Der Rheinübergang Cäsars

Diebus decem, quibus materia coepta erat comportari, omni opere effecto exercitus traducitur. (Caes. Gall. IV, 18, 1)

2. Die Briten versammeln größere Truppen, nachdem sie Cassivellaunus den Oberbefehl übertragen haben

Eo cum venisset (sc. Caesar), maiores iam undique in eum locum copiae Britannorum convenerant summa imperii bellique administrandi communi consilio permissa Cassivellauno, cuius fines a maritimis civitatibus flumen dividit, quod appellatur Tamesis, a mari circiter milia passuum LXXX. (Caes. Gall. V, 11, 8)

3. Die germanischen Männer legen sich, wenn sie nicht gerade Kriege führen, auf die faule Haut

Quotiens bella non ineunt, multum venatibus, plus per otium transigunt, dediti somno ciboque, fortissimus quisque ac bellicosissimus nihil agens, delegata domus et penatium et agrorum cura feminis senibusque et infirmissimo cuique ex familia. (Tac. Germ., XV)

Voranstellung oder Nachklappen eines Bestandteils des AmP

Eine weitere Abwandlung von der normalen Satzstellung ist die **Voranstellung** oder das **Nachklappen eines Bestandteils** des AmP. Diese Konstruktionen, die Sie ja bereits beim A.c.i. und beim Participium coniunctum kennen gelernt haben, kommen allerdings beim AmP nur sehr selten vor. Trotzdem sollten Sie diese Formen erkennen können.

Unser Beispielsatz kann also auch folgende Formen annehmen.

Beispiele

Nachklappen:

Tum [oppido fortiter defenso] a civibus hostes se receperunt.

Voranstellung:

Tum a civibus [oppido fortiter defenso] hostes se receperunt.

Wenn es Ihnen beim Lesen nicht gelingt, die zum AmP gehörigen Bestandteile klar abzugrenzen, dann gelten ähnlich wie beim Participium coniunctum folgende Regeln:

1. Zuerst grenzen Sie die **Hauptaussage** des Satzes vom Prädikat aus ab.
2. Dann erfragen Sie von der **Bedeutung des Partizips** aus die **notwendigen Ergänzungen**.

Wenn dann noch **freie Angaben**, z. B. **adverbiale Bestimmungen**, nicht eindeutig zuzuordnen sein sollten, so kann dies auch eine Frage der Textinterpretation sein.
Sie müssen jedoch ausschließen, dass diese nicht notwendige Satzteile (z. B. ein Objekt) sind!

Der folgende Satz ist ein Beispiel dafür, dass die Zuordnung manchmal nur vom Sinn des Satzganzen her möglich ist, manchmal sogar nur durch den Kontext ermöglicht wird.
Somit stellt er weitgehend ein Interpretationsproblem dar.

Der Adlerträger der 10. Legion spricht während der Landung in Britannien ein Stoßgebet | *Text*

At nostris militibus cunctantibus maxime propter altitudinem maris, qui decimae legionis aquilam ferebat, obtestatus est deos, ut ea res legioni feliciter eveniret ... (Caes. Gall. IV, 25, 3: gekürzt)

1. Analysieren Sie diesen Satz durch Beantwortung des folgenden Lückentextes:

   Das Prädikat _____ (dt.: _____

   _____) ist _____wertig und hat daher folgende(s) Objekt(e):

   _____ .

   Das Subjekt lautet: _____ .

   Das Partizip _____ (von _____

   _____) ist _____wertig und hat daher folgende(s) Objekt(e):

   _____ .

   Überleitung: _____ .

   Adverbiale/-ia: _____ .

2. Übersetzen Sie den Satz zunächst so, dass die freien Angaben im deutschen Hauptsatz und dann im deutschen Nebensatz stehen.

Partizipialkonstruktionen: AmP (Voranstellen, Nachklappen)

2.3 Häufung von Partizipialkonstruktionen

Schon in der Einleitung wurde erwähnt, dass die Partizipialkonstruktionen eine höchst gedrängte Ausdrucksweise ermöglichen. Sie werden deshalb in amtlichen Schriften verwendet (**Amtslateinisch**) und Cäsar verwendet sie gern, um seinen *commentarii* den Stil eines sachlichen Berichts zu geben.

Diese knappe Ausdrucksweise kann aber vor allem bei einer Häufung von Partizipialkonstruktionen auch eine ganz andere Funktion haben: Es entsteht dadurch fast ein Eindruck von Hast, der panische Angst, überschäumende Freude, gebieterische Härte o. ä. sprachlich untermalen kann.

Um solche emotionalen Wirkungen zu erzielen, werden häufig auch Participium coniunctum und AmP verbunden.

Ein Partizip kommt selten allein!

a) Unterstreichen Sie in den folgenden Texten alle Partizipien.

b) Lesen Sie dann die Texte laut und machen Sie nach jedem Schrägstrich eine kleine, bei zwei Schrägstrichen eine große Pause.

c) Den Eindruck, der durch die Häufung von Partizipialkonstruktionen erweckt werden soll, bestimmen Sie mit einem Begriff, wie z. B. *Verwirrung, Panik, Angst, Hast, Effizienz, Korrektheit, Zuspitzung des Geschehens, ...*

d) Übersetzen Sie dann die Texte 3. bis 5.

1. Cäsar bricht nach Britannien auf

His (sc. legatis) dimissis/ et ventum et aestum uno tempore nactus secundum/ dato signo/ et sublatis ancoris/ circiter milia passuum septem ab eo loco progressus// aperto ac plano litore naves constituit. (Caes. Gall. IV, 23, 6)

2. Die Germanen, die nach Gallien eingedrungen waren, werden in einem Überraschungsangriff von den Römern überrannt

Germani/ post tergum clamore audito/ cum suos interfici viderent,/ armis abiectis/ signisque militaribus relictis/ se ex castris eiecerunt, et cum ad confluentem Mosae et Rheni pervenissent,/ reliqua fuga desperata/ magno numero interfecto/ reliqui se in flumen praecipitaverunt atque ibi timore/, lassitudine/, vi fluminis oppressi// perierunt. (Caes. Gall. IV, 15, 1)

3. Cäsars kurzer Aufenthalt in Germanien

Caesar// paucos dies in eorum finibus moratus/ omnibus vicis aedificiisque incensis/ frumentisque succisis/ se in fines Ubiorum recepit atque his auxilium suum pollicitus/, si a Suebis premerentur//, haec ab iis cognovit ...
(Caes. Gall. IV, 19, 1)

4. Nach dem Raub der Sabinerinnen wird der Kampf auf seinem Höhepunkt von den Frauen beendet

Iam a principio/, regnante Romulo/, cum Capitolio ab Sabinis capto/ medio in foro signis collatis/ dimicaretur, nonne intercursu matronarum inter acies duas proelium sedatum est? (Liv. XXXIV, 5, 8)

5. Tum Sabinae mulieres, quarum ex iniuria bellum ortum erat//, crinibus passis/ scissaque veste/ victo malis muliebri pavore// ausae sunt se inter tela volantia inferre ... (Liv. I, 13)

3. Die nd-Formen

Auch die so genannten **nd-Formen, Gerundium und Gerundiv**, haben meist **keine direkte Entsprechung** im Deutschen. Für eine sinnvolle Übertragung ins Deutsche ist es nicht so wichtig zu wissen, ob es sich bei der nd-Form um ein Gerundium oder Gerundiv handelt, sondern darum, ihre **jeweiligen syntaktischen Funktionen** unterscheiden zu können:

Syntaktische Funktionen der nd-Formen:

1. nd-Formen können – nur im Singular – die Funktion eines **Substantivs** einnehmen. Sie können Objekte und Adverbiale bei sich haben.

2. Als **Substantiv** kommen die nd-Formen aber **nur im Genitiv, Ablativ** und **mit den Präpositionen** *causa, gratia (um . . . willen, wegen), in* und *ad* vor.

3. Als **Adjektive** sind die nd-Formen wie jedes andere Adjektiv in Kasus, Numerus und Genus mit dem dazugehörigen Substantiv **kongruent**. Auch als Adjektive können die nd-Formen durch Objekte und Adverbialia erweitert werden (das unterscheidet sie von normalen Adjektiven).

4. In Verbindung mit *esse* bilden die nd-Formen das **Prädikat**.

a) Unterstreichen Sie in den folgenden Texten die nd-Formen.

b) Bestimmen Sie, ob es sich bei der jeweiligen Form um ein **Adjektiv** (Kongruenz!), um ein **Prädikat** (Verbindung mit einer Form von *esse*) oder um ein **Substantiv** handelt.

Text

1. Nach Ciceros Rede gegen Catilina kann Cäsar wieder einen Teil der Senatoren umstimmen

Postquam Caesar dicendi finem fecit, ceteri verbo alius alii varie adsentiebantur. (Sall. Catil. 52, 1)

2. Der rasche Machtzuwachs Roms liegt nach Sallusts Meinung vor allem an der Hilfsbereitschaft der Römer gegenüber Freunden und Bundesgenossen

Post, ubi pericula virtute propulerant, sociis atque amicis auxilia portabant, magisque dandis quam accipiundis beneficiis amicitias parabant.

(Sall. Catil. 6, 5)

3. Cicero tritt der traditionellen Auffassung der Römer (und der Antike) entgegen, dass nur Kriegstaten Ruhm bringen | Text (Fortsetzung)

Sed cum plerique arbitrentur res bellicas maiores esse quam urbanas, minuenda est haec opinio. (Cic. off. I, 22, 74)

4. Die drei Zielsetzungen der Rede

Tria sunt enim, ut quidem ego sentio, quae sint efficienda dicendo, ut doceatur is, apud quem dicetur, ut delectetur, ut moveatur vehementius. (Cic. Brut. 185)

3.1 Die Übersetzung: nd-Formen als Prädikat

Anders als bei den Partizipialkonstruktionen sind die **nd-Formen** selten stark, d. h. durch mehr als ein Objekt bzw. Adverb, erweitert. Auch hier erfolgt die Bestimmung der zur nd-Form gehörigen Bestandteile durch Ausgrenzung vom Prädikat her. Darin sind Sie aber vermutlich inzwischen schon recht geübt.

Schwieriger ist die Übertragung in ein verständliches Deutsch. Zu unterscheiden sind dabei die nd-Formen mit *esse* und die ohne *esse*.

In Verbindung mit *esse* ist das **Gerundiv passivisch** und drückt sehr oft eine Notwendigkeit aus: Irgendetwas **soll**, **muss** geschehen (Verneinung: **darf nicht**).

Die **Person**, die das Geschehen auslöst, steht dabei im **Dativ**. **(Dativus auctoris)**
Daher ist bei Verben, die ein Dativobjekt nach sich ziehen, häufig nur vom Sinn bzw. vom Kontext her zu entscheiden, ob beim Dativ ein **normales Dativobjekt** oder ein **Dativus auctoris** vorliegt.

| Beispiel | *Mihi concedendum est …* | Mir muss zugestanden werden … |
| | | Von mir muss zugestanden werden … |

Ähnlich wie bei den Partizipialkonstruktionen wirkt auch bei den nd-Formen das Passiv in den deutschen Übersetzungen – vor allem in längeren Satzkonstruktionen – häufig recht schwerfällig.

Deshalb empfiehlt sich bei der Übersetzung die Umwandlung ins Aktiv. Dabei ist Folgendes zu beachten:

> Der **Dativ der auslösenden Person** (Dativus auctoris) wird zum **Subjekt** des deutschen Satzes.
>
> Ist die Person, die das Geschehen auslöst, nicht genannt, übersetzen Sie am besten mit dem deutschen unpersönlichen **man**.

Beispiele	*Virtus mihi laudanda est …*	Ich muss die Tüchtigkeit loben …
	Virtus laudanda est …	Man muss die Tüchtigkeit loben …
	Mihi concedendum est …	Ich muss zugestehen …
		oder: Man muss mir zugestehen …

Übung C 27

a) Suchen und unterstreichen Sie in den folgenden Sätzen das durch eine nd-Form gebildete Prädikat und das Subjekt doppelt und farbig sowie den Dativ einfach.

b) Stellen Sie fest, ob es sich dabei um ein **Dativobjekt** oder um den **Dativ der auslösenden Person** handelt.

c) Übersetzen Sie zuerst passivisch (I.), dann aktivisch (II.).

Text

1. Nach Ciceros Meinung müssen sich alle, die dazu in der Lage sind, dem Staat zur Verfügung stellen

Sed iis … abiecta omni cunctatione adipiscendi magistratus (sc. sunt) et gerenda res publica est … (Cic. off. I, 21, 72)

2. Cicero dankt den Göttern dafür, dass die Anschläge Catilinas schon mehrmals vereitelt werden konnten

Magna dis immortalibus habenda est atque huic ipsi Iovi Statori, antiquissimo custodi urbis, gratia … Non est saepius in uno homine summa salus periclitanda rei publicae. (Cic. Cat. I, 5, 11)

Text (Fortsetzung)

3. Cicero gibt Ratschläge für eine moralisch einwandfreie Lebensführung, bei der man auch manchmal militärische und politische Posten ausschlagen soll

Nec vero imperia expetenda (sc. sunt) ac potius aut non accipienda interdum aut deponenda non numquam. (Cic. off. I, 20, 68)

Die nd-Formen in Verbindung mit Verben des Gebens und Nehmens können Sie im Grammatischen Anhang (vgl. 5. nd-Formen …) wiederholen.

3.2 Die Übersetzung: nd-Formen als Substantiv oder Adjektiv

Für die Übersetzung ist die Unterscheidung zwischen substantivischem und adjektivischem Gebrauch nur insofern wichtig, als man klar abgrenzen muss, welches **Bezugswort** bzw. **Objekt** und welche **weiteren Ergänzungen** zur nd-Form gehören.

Abgesehen davon ist die Umsetzung ins Deutsche gleich. Vergessen Sie deshalb all die komplizierten Unterschiede zwischen Gerundium und Gerundiv, die Sie sich vielleicht eingepaukt haben.

Für die Umsetzung ins Deutsche gibt es vor allem **zwei** Möglichkeiten, die in den allermeisten Fällen eine verständliche und sinnentsprechende Übersetzung ergeben. Welche Sie jeweils wählen sollten, muss von Fall zu Fall entschieden werden.

1. Bei kurzen nd-Verbindungen ist in der Regel die Wiedergabe durch ein **deutsches Substantiv**, das einen Vorgang ausdrückt, möglich. (Meist sind dies deutsche **Substantive** auf *-ung* bzw. **substantivierte Infinitive**.)

2. **Bezugswort** (bei adjektivischer nd-Form) bzw. **Objekt(e)** (bei substantivischer nd-Form) erscheinen dann im Deutschen als **Genitivobjekt**, **Adverbialia** als **Adjektive**.

Beispiele

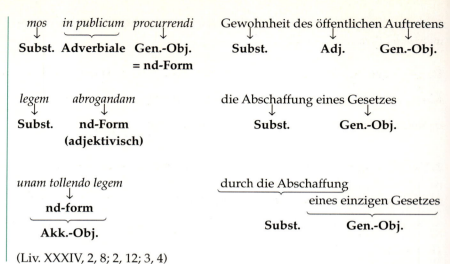

(Liv. XXXIV, 2, 8; 2, 12; 3, 4)

 Ist eine nominale Wendung nicht möglich, weil Sie kein entsprechendes deutsches Wort finden oder weil die nd-Konstruktion zu lang ist, so lässt sich die nd-Form in der Regel als **Infinitivsatz** mit *zu* wiedergeben.

Dabei werden alle mit der nd-Form verbundenen Ergänzungen von diesem Infinitiv abhängig gemacht.

Beispiel

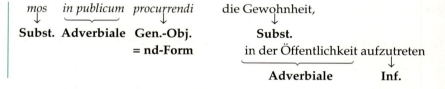

 Übung C 28

a) Suchen Sie sich aus den folgenden Texten sorgfältig die **nd-Formen** mit eventuellen **Bezugswörtern** und **Objekten** heraus.

b) Versuchen Sie, diese Satzglieder jeweils als **nominale Wendung** zu übersetzen und als **Infinitiv** mit *zu*. Behalten Sie – vor allem bei der nominalen Wendung – den Kasus bei!

Text

1. Aus der Tyrannis der letzten Etruskerkönige geht der römische Staat mit einer neuen Verfassung hervor

Post, ubi regium imperium, quod initio conservandae libertatis atque augendae rei publicae fuerat, in superbiam dominationemque se convortit, inmutato more annua imperia binosque imperatores sibi fecere (= fecerunt sc. Romani). (Sall. Catil. VI, 7)

nd-Formen als Substantiv/Adjektiv (Übersetzung)

2. Triumphierend hält Cicero Catilina vor, dass er seine Pläne im Voraus aufgedeckt hat

Dixi ego idem in senatu caedem te optimatium contulisse in a. d. V. Kal. Nov., tum cum multi principes civitatis Roma non tam sui conservandi quam tuorum consiliorum reprimendorum causa profugerunt. (Cic. Catil. I, 3, 7)

3. Der Antrag auf Abschaffung der Lex Oppia und die Reaktion darauf

M. Fundanius et L. Valerius tribuni plebis ad plebem tulerunt de Oppia lege abroganda ..., ad suadendum dissuadendumque multi nobiles prodibant. (Liv. XXXIV, 1, 2, 4)

4. Für Livius beginnt mit der Bewunderung für die griechische Kultur auch der Niedergang der religiösen und moralischen Wertvorstellungen der Römer

Ceterum inde primum initium mirandi Graecarum artium opera licentiaeque sacra fanaque omnia vulgo spoliandi factum est ... (Liv. XXV, 40, 2)

5. Cicero über die Seelen bewegende Macht des Redners

Quis enim nescit maximam vim exsistere oratoris in hominum mentibus vel ad iram aut ad odium aut ad dolorem incitandis vel ab hisce eisdem permotionibus ad lenitatem misericordiamque revocandis? (Cic. De orat. 1, 53)

 Die Architektur der lateinischen Satzperiode

In Begleitung unseres römischen Baumeisters und seines kleinen Gehilfen haben Sie nun gelernt, den Bauplan lateinischer Sätze zu entschlüsseln.
Sie haben sozusagen das Haupthaus einer römischen Villa von den Kellergewölben bis zum Dach durchwandert!
Wenn Sie – erschöpft? – wieder ins Freie treten, sehen Sie, dass noch eine Fülle von Gebäuden mit dem Haupthaus verbunden ist, Stallungen, Gartenpavillons, Gesindehäuser …
Ihrer Phantasie sind keine Grenzen gesetzt, ebenso wenig wie der Lust der Römer an der Verschachtelung von Haupt- und Nebensätzen, um die es jetzt gehen soll.

Wie Sie für den einzelnen Satz einen Bauplan brauchten, so brauchen Sie diesen umso mehr für die Verbindung von Sätzen in der Satzperiode, d. h. der Verknüpfung von Haupt- und Nebensätzen.

1. Haupt- und Nebensatz: Signale

Die lateinische Sprache liebt lange Satzperioden viel mehr als die deutsche. Bei den Satzperioden ist noch weit weniger als bei der Übersetzung des Einzelsatzes eine Übersetzung „aus dem Stand" möglich. Die kunstvoll zusammengefügten Sätze der Periode sind oft nur sehr schwer zu entflechten, weil sie häufig nicht wie in einer Kette aneinander gereiht sind, sondern sich gegenseitig durchbrechen. Wir sehen deshalb nicht auf Anhieb, wo ein Satz beginnt bzw. aufhört.

 Voraussetzung für die Übersetzung der lateinischen Satzperiode ist die genaue Abgrenzung von Haupt- und Nebensätzen.

Ähnlich wie beim Einzelsatz muss man zu diesem Zweck die Satzperiode zur Vorbereitung der Übersetzung **analytisch lesen**. Lesen Sie vor allem längere Satzperioden mehrmals durch, um nach den **Signalen** für die Gliederung zu suchen.

1. Das **erste Signal** für die Gliederung der Satzperiode sind die **Satzzeichen**.

    Wie schon erwähnt (vgl. S. 23), kannten die Römer keine Satzzeichen. Diese werden vom Herausgeber bewusst eingesetzt als Übersetzunghilfen.

Achten Sie auf die Trennung von größeren Satzkomplexen durch **Strichpunkt** oder **Doppelpunkt**: Sie schließen ebenso wie der Punkt eine Satzperiode ab.

Das wichtigste Satzzeichen zur Gliederung der Satzperiode ist das **Komma**. Lesen Sie dabei jeweils bis zum ersten oder nächstfolgenden Komma und suchen Sie in diesem Teil des Satzes nach dem nächsten Signal.

2. Das **zweite Signal** für die Abgrenzung von Haupt- und Nebensatz sind die **Konnektoren** (Verbindungswörter), die die einzelnen Sätze verbinden.

   Es gibt folgende Arten von **Konnektoren**:

a) **Die Konjunktionen**

   Man muss zwischen **gleichordnenden** und **unterordnenden Konjunktionen** unterscheiden. Von den gleichordnenden Konjunktionen (z. B. *et, aut, vel, nam* ...), die ganze Sätze oder Satzteile verbinden können, war schon ausführlich in den Kapiteln **Satzüberleitungen** und **Reihungen** (vgl. S. 22f. und S. 24ff.) die Rede.

Für die Übersetzung ist es sehr wichtig, die **unterordnenden Konjunktionen** (z. B. *cum, quia, ut* ...) genau zu kennen, weil einige Konjunktionen mehrere abweichende Bedeutungen haben können.
Ein wichtiger Hinweis für die jeweilige Bedeutung der unterordnenden Konjunktionen ist der **Modus** des zugehörigen Prädikats. Verschiedene Konjunktionen verlangen nämlich in unterschiedlicher Bedeutung einen jeweils anderen Modus.

Lateinische Satzperiode: Haupt-/Nebensatz (Signale)

Bevor wir mit direkten Übungen zu den Konjunktionen beginnen, wiederholen Sie bitte anhand Ihrer Grammatik alle konjunktionalen Nebensatzarten. Dies erleichtert Ihnen die Schwierigkeiten mit den langen lateinischen Satzperioden.

→ Im Grammatischen Anhang haben wir die **wichtigsten Konjunktionen** in einer Tabelle (vgl. 6. Die wichtigsten Konjunktionen) zusammengefasst.

Übung D 1

Tragen Sie dann in die folgende Tabelle zu den Nebensatzarten jeweils (mindestens) eine **Konjunktion** mit **deutscher Bedeutung** und dazugehörigem **Modus** ein.

Art des Nebensatzes	Konjunktion	deutsch	Modus
temporal			
final			
konsekutiv			
kausal			
konditional			
konzessiv			

Lateinische Satzperiode: Haupt-/Nebensatz (Signale)

Art des Nebensatzes	Konjunktion	deutsch	Modus
adversativ			
modal			
faktisch			
komparativ			

b) Relativpronomina, Interrogativpronomina und -partikel

Oft treten **Relativsätze** an die Stelle von **Attributen**. Sie stehen deshalb in aller Regel nahe bei dem Bezugswort.
Der **Modus** der **Relativsätze** ist meistens der **Indikativ**.

Bei der **Bestimmung der Relativsätze** gibt es normalerweise wenig Schwierigkeiten. Zwei Besonderheiten sind allerdings zu beachten:

Relativer Satzanschluss:
Wenn ein **Relativpronomen** am **Satzanfang** steht, so kann es sich um den so genannten **relativen Satzanschluss** handeln, d. h. einen Bezug zum vorangegangenen Satz. In diesem Fall wird das lateinische Relativpronomen immer durch ein deutsches **Demonstrativpronomen** übersetzt.

Beispiel | Caesar milites praemittit. Qui cum Helvetiis proelium committunt.

Vorgezogener Relativsatz:
Ein **Relativpronomen** am **Satzanfang** kann aber auch bedeuten, dass der **Relativsatz vor dem Hauptsatz** steht. Hinweise erhalten Sie häufig von einem nachfolgenden **Demonstrativpronomen**!

Beispiel | Qua nocte Alexander natus est, eadem templum Dianae flagratum est.

Nach **Verben des Sagens, Wissens** und **Fragens** können **indirekte Fragesätze** stehen, die durch **Interrogativpronomina** (*quis/quid?, cur?*) und **Interrogativpartikel** (z. B. *-ne, num, utrum – an*) eingeleitet werden.

Interrogativpronomina können bezüglich ihrer Form mit **Relativpronomina identisch** sein (z. B. *cui* = wem? oder *cui* = …, welchem …; *quo* = wodurch? oder *quo* = …, durch welches …?).

Der **Modus** der indirekten Fragesätze ist immer der **Konjunktiv**.

1. Unterstreichen Sie im folgenden Text alle Relativpronomina, Interrogativpronomina sowie die dazugehörigen Prädikate.

2. Handelt es sich um einen relativen Satzanschluss, um einen Relativsatz oder um einen indirekten Fragesatz?

   Tragen Sie die Pronomina, Prädikate und die Bestimmung der Satzarten in die Tabelle nach dem folgenden Text ein.

Text | **Die Vernunft – Wesensmerkmal von Göttern und Menschen**

… ab hominum genere finitus est dies, mensis, annus; defectiones solis et lunae cognitae praedictaeque (sc. sunt) in omne posterum tempus, quae, quantae, quando futurae sint. Quae intuens animus accedit ad cognitionem deorum, e qua oritur pietas, cui coniuncta iustitia est reliquaeque virtutes, e quibus vita beata exsistit par et similis deorum, nulla alia re nisi immortalitate, quae nihil ad bene vivendum pertinet, cedens caelestibus. Quibus rebus expositis satis docuisse videor, quanto hominis natura anteiret animantes. Ex quo debet intellegi nec figuram situmque membrorum nec ingenii mentisque vim talem effici potuisse fortuna. (Cic. nat. deor. II, 61, 153ff.: leicht gekürzt)

Pronomen	Art des Satzes	Prädikat
quae	Interrogativsatz	futurae sint

2. Die übersichtliche Satzperiode

In der übersichtlichen Satzperiode stehen die **Haupt- und Nebensätze nebeneinander** und können in dieser Reihenfolge übersetzt werden.

Es empfiehlt sich aber auch hier, nach der Gewichtigkeit vorzugehen, d. h. zuerst den Hauptsatz, dann den Nebensatz bzw. die Nebensätze zu übersetzen. Wenn Sie dies strikt einhalten, bereitet die Übersetzung der **übersichtlichen Satzperioden** wenig Schwierigkeit, da der gesamte Gliedsatz ja von den Satzzeichen begrenzt wird. Es fehlt also nichts.

Der einzelne Satz, ob Haupt- oder Nebensatz, wird so behandelt, wie wir es intensiv im Kapitel A **Die Bausteine des lateinischen Satzes** eingeübt haben.

Meistens kommen in einem lateinischen Text **folgende Schemata** vor:

1. Der **Nebensatz** steht **vor** dem übergeordneten Satz:

Beispiel | *Quamquam reus innocens erat, tamen exsilio multatus est.*
                NS   HS

2. Der **Nebensatz** steht **hinter** dem übergeordneten Satz:

Beispiel | *Amicus domum revertit, quod aegrotus erat.*
                HS   NS

3. **Flügelperiode** = zwei Nebensätze rahmen den Hauptsatz ein:

Beispiel | *Cum audivissemus Antiochum, constituimus, ut ambularemus in Academia.*
           NS   HS   NS

4. Hauptsatz mit **mehreren Gliedsätzen**

a) Der **Hauptsatz** macht den **Anfang**, die Nebensätze fallen ab. Deshalb nennt man diese Art von Satzzusammenstellungen **fallende Periode**.

Caesar Galbae permisit,	si opus esse arbitraretur,	ut in finibus Allobrogum legionem hiemandi causa collocaret.	*Beispiel*
HS	NS	NS	

b) In der **steigenden Periode** führen die **Nebensätze zuerst** die weniger wichtigen Bestandteile an. Die Periode gipfelt dann im Hauptsatz.

Cum nobiles Romani in Graecia studiis se darent,	ut ibi clarissimos oratores audirent,	et Cicero Rhodum navigavit.	*Beispiel*
NS	NS	HS	

Um die Architektur der Satzperioden sichtbar zu machen, empfiehlt sich die im Folgenden beschriebene **Kurzfassung von Sätzen**:

1. Es werden nur noch **Konjunktion** bzw. **Satzüberleitung, Subjekt** (falls vorhanden) und **Prädikat** herausgeschrieben.
2. Diese wichtigsten Bestandteile der Sätze werden **nicht horizontal**, sondern **vertikal notiert**, also untereinander.
3. Auch die **einzelnen Sätze** werden **untereinander** geschrieben; der Hauptsatz am äußersten Rand links und die Nebensätze nach rechts eingerückt.

Die übersichtliche lateinische Satzperiode

Das sieht folgendermaßen aus:

Beispiel | *Quamquam omnis virtus nos ad se allicit, tamen iustitia id maxime efficit.* (Cic. off. 1, 56)

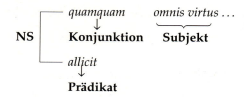

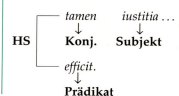

Diese Art der Aufzeichnung hat den Vorteil, dass

1. die **Subjekt-Prädikat-Verbindung** des Einzelsatzes deutlich wird,

2. die **Über-** bzw. **Unterordnung** von Haupt- und Nebensätzen heraustritt und

3. die **lineare Abfolge** von Sätzen überschaubarer wird.

In der folgenden Übung werden Sie diese Möglichkeit der Visualisierung anwenden lernen.

a) Gliedern Sie die Sätze nach folgendem Musterbeispiel:

Beispiel | Cum audivissemus Antiochum, constituimus, ut ambularemus in Academia.

```
    ┌── cum
    └── audivissemus
┌ constituimus
    ┌── ut
    └── ambularemus
```

b) Übersetzen Sie die Sätze 1 bis 4.

1. Ein Richter muss gut vorbereitet sein

Nam etsi consilia iudicibus ex praesentium causarum statu capienda sunt, generalia tamen quaedam praemonita et praecepta sunt, quibus ante causam praemuniri iudex praepararique ad incertos casus futurarum difficultatum debeat. (Gell. 14, 2, 3)

2. Unrecht tun ist ein Verbrechen an sich selbst

Qui non obsistit iniuriae, tam est in vitio, quamsi parentes aut amicos aut patriam deserat. (Cic., off. 1, 23)

3. Monarchie ist als Staatsform nicht erstrebenswert

Itaque si Cyrus ille Perses iustissimus fuit sapientissimusque rex, tamen mihi populi res non maxime expetenda fuisse illa videtur, cum regeretur unius nutu ac modo. (Cic. rep. I, 43)

4. Der Beweis der Göttlichkeit der Seele

Cum (sc. animus) illa tetigit, crescit ac velut vinculis liberatus in originem redit, et hoc habet divinitatis suae argumentum, quod illum divina delectant. (Sen., nat. I, 1, 4)

5. Vom Dorf zur Stadt

Cum autem multitudinem ipsam viderent contra bestias esse tutandam, oppida etiam coepisse munire, ut vel quietem noctis tutam sibi facerent, vel ut incursiones atque impetus bestiarum non pugnando, sed obiectis aggeribus arcerent. (Lact. inst. VI, 10, 14)

6. Die Mühe des Philosophierens lohnt sich

Quamquam enim libri nostri complures non modo ad legendi, sed etiam ad scribendi studium excitaverunt, tamen interdum vereor, ne quibusdam bonis viris philosophiae nomen sit invisum mirenturque in ea tantum me operae et temporis ponere. (Cic. off. II, 1, 2)

7. Philosophie als Fortsetzung des politischen Lebens

Nihil agere autem cum animus non posset in his studiis ab initio versatus aetatis, existimavi honestissime molestias posse deponi, si me ad philosophiam retulissem. (Cic. off. II, 4)

3. Die Schachtelperiode

3.1 Einfache Schachtelsätze: Hauptsatz, von Nebensatz unterbrochen

Haupt- und Nebensätze liegen ineinander **verschachtelt**. Diese Art von Satzperioden bereitet im Allgemeinen große Schwierigkeiten, da der einzelne Satz nicht abgeschlossen, sondern durch einen anderen Satz unterbrochen wird und erst weiter hinten seinen Abschluss findet (meist im Prädikat).

Der **Hauptsatz** umrahmt **den Nebensatz/die Nebensätze** und hält ihn bzw. sie als geschlossene Einheit zusammen, sodass die Übersichtlichkeit der Periode trotz der Häufung von Sätzen gewahrt bleibt.

Dieses Schema erinnert Sie sicher an die **Rahmenstellung** im Einzelsatz (vgl. S. 9ff., 38ff., 50, 60).

Beispiel | *Pompeius, cum de morbo eius audivisset, eum videre voluit.*

HS | NS | HS

Im Vergleich zum Einzelsatz sind bei der Übersetzung der Schachtelperiode folgende Punkte zu berücksichtigen, um die Verschachtelung „aufzuknacken":

1. Die kunstvoll zusammengefügten Sätze der Periode müssen Sie entflechten mithilfe der **Satzzeichen** und der **einleitenden Wörter** der Nebensätze.

2. Wichtig ist, dass Sie bereits beim Lesen darauf achten, ob ein Satz **Haupt- oder Nebensatz** ist und mit Subjekt und Prädikat **vollständig** ist. Wenn dies nicht der Fall ist – also das Prädikat noch nicht erschienen ist –, „kriechen" Sie unter dem Nebensatz mit seinem Einleitungswort bis zum folgenden Komma durch.

3. Die Fortsetzung des unterbrochenen Satzes finden Sie dann, wenn **nach einem Komma kein Einleitungswort** mehr kommt.

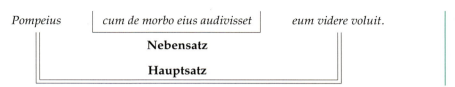

Beispiel

Wie bei den übersichtlichen Satzperioden verwenden Sie zur visuellen Verdeutlichung nur noch **Satzüberleitung** (**Konjunktion** u. ä.) und **Subjekt/Prädikat**. Die Satzperiode wird – wie eben schon gelernt (S. 79f.) – räumlich aufgeschrieben, d. h. die einzelnen Sätze stehen untereinander. Unser obiges Beispiel sieht dann also folgendermaßen aus:

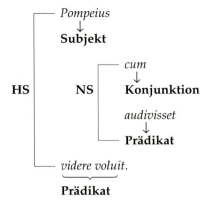

Beispiel

Lateinische Satzperiode: Schachtelperiode (einfache Schachtelsätze)

a) Notieren Sie die folgenden **einfachen Schachtelperioden** nach diesem Schema.
b) Welche Arten von **Nebensätzen** finden sich hier? Schreiben Sie den Begriff jeweils daneben.
c) Übersetzen Sie die Sätze 1–3 und 6!

Text

1. Der Mensch hat das Denkvermögen von Gott

Est igitur, quoniam nihil est ratione melius eaque est et in homine et in deo, prima homini cum deo rationis societas. (Cic. leg. I, 23)

2. Demokratie ist die beste Staatsform

Itaque nulla alia in civitate, nisi in qua populi potestas summa est, ullum domicilium libertas habet. (Cic. rep. I, 47)

3. Die Untreue der Rhodier

Bello Macedonico, quod cum rege Perse gessimus, Rhodiorum civitas magna et magnifica, quae populi Romani opibus creverat, infida et adversa nobis fuit. (Sall. Catil. 51, 5)

4. Augustus verdient ein Denkmal

Rerum Gestarum Divi Augusti, quibus orbem terrarum imperio populi Romani subiecit, et impensarum, quas in rem publicam populumque Romanum fecit, incisarum in duabus aeneis pilis, quae sunt Romae positae, exemplar subiectum (est). (Mon. Ancyr.)

5. Ein Freund der Römer hat Besseres zu erwarten

Rex Antiochus, qui Romae biennium fere ante oculos omnium fuisset, comitatu regio atque ornatu instructus, amicus et socius populi Romani, amicissimo patre, avo, maioribus, antiquissimis et clarissimis regibus, opulentissimo et maximo regno, is tamen praeceps e provincia populi Romani expulsus est. (Cic. Verr. II, 67)

6. Hannibal versucht Rom zu erobern

(Hannibal) ipse cum duobus milibus equitum usque ad ipsam Capenam portam, ut situm urbis exploraret, obequitavit. (Liv. perioch. XXVI)

7. Gerechtigkeit macht eine Staatsform beständig

Nam vel rex aequus ac sapiens vel delecti ac principes cives vel ipse populus, quamquam id est minime probandum, tamen nullis interiectis iniquitatibus aut cupiditatibus posse videtur aliquo esse non incerto statu. (Cic. rep. I, 26)

Nach dieser umfangreichen Übung dürften Sie inzwischen wohl klarer sehen und die Nebensätze nun auf Anhieb entflechten können. Leider gibt es aber nicht nur einfache, übersichtliche Satzperioden.

3.2 Ineinander verschachtelte Nebensätze: Nebensätze, von Nebensätzen unterbrochen

Häufig werden im Lateinischen in einer Satzperiode die Nebensätze durch **andere dazwischengeschobene Nebensätze unterbrochen**:

Ubi ea dies, quam constituerat cum legatis, venit et legati ad eum reverterunt, negat se more et exemplo populi Romano posse iter ulli per provinciam dare et ... prohibiturum ostendit. (Caes. Gall. I, 8, 3)

Auch hier hilft uns die **vertikale Schreibweise** bei der Entschlüsselung:

Beispiel

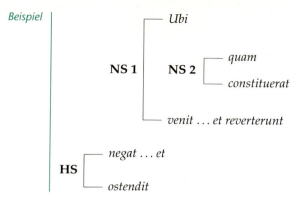

Auch im Deutschen liest man bisweilen (meist im Behördendeutsch) extrem ineinander verschachtelte „Satzungetüme". So haben sich z. B. Juristen vergangener Zeiten (hoffentlich heute nicht mehr!) häufig der Verschachtelung bei der Formulierung ihrer Urteile bedient. Hier eine Karikatur auf eine vermeintlich gelungene Satzperiode nach lateinischem Muster:

Urteilsverkündung

„Dadurch, daß derjenige, der vom Angeklagten, der ein Geständnis, das von Zeugen, die unter Eid, auf dessen Bedeutung sie unter Hinweis auf etwaige Folgen aufmerksam gemacht wurden, aussagten, bekräftigt worden ist, ablegte, tätlich angegriffen wurde, an der Streitursache nicht ganz schuldlos war, kann die Strafe zur Bewährung ausgesetzt werden."

Diesen völlig unverständlichen Satz können Sie nur **analysieren** (*Analyse* kommt aus dem Griechischen und heißt **auflösen**), wenn Sie ihn, wie im Vorigen geübt, vertikal aufschreiben:

Beispiel: Satzschema

Die folgenden Nebensätze muss man sich nun dazwischen im leeren Raum eingeordnet vorstellen:

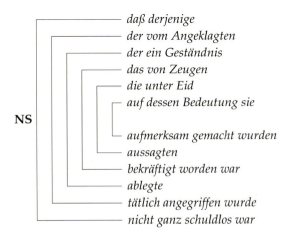

Beispiel: Satzschema

Erst wenn Sie die Periode analysiert haben, können Sie sehen, welche Teile sich zu einem Satz zusammenfügen.

Die Übersetzung ergibt sich dann von selbst: Wenn Sie jeden Satz zunächst vervollständigen, bevor Sie den nächsten beginnen, ergibt sich ein einigermaßen passables Deutsch, das Sinn macht.

1. Führen Sie nun mithilfe desselben Musters die Sätze des folgenden lateinischen Satzes zusammen!
2. Übersetzen Sie dann die aufgelöste Satzperiode!

Übung D 5

Cäsar überrascht die Helvetier durch seine Effizienz

Text

Helvetii repentino eius adventu commoti, cum id, quod ipsi diebus XX aegerrime confecerant, ut flumen transirent, illum uno die fecisse intellegerent, legatos ad eum mittunt. (Caesar Gall. I, 13, 2)

Schachtelsätze dürfen niemals nachgeahmt werden. Vermeiden Sie im Deutschen Sätze mit Kommasetzung gleich nach dem ersten Wort wie: *Caesar, der, nachdem...*

Jeder Satz, ob Haupt- oder Nebensatz, steht für sich allein!

Übung D 6

Folgende Verschachtelungen kommen in den Sätzen 1–9 vor! Tragen Sie die Satznummer hinter der entsprechenden Satzstruktur ein.

Satz

a) ‖HS‖ NS NS NS ____

b) NS NS NS ‖HS‖ ____

c) NS ‖HS‖ NS NS NS ____

d) ‖HS‖ NS NS NS NS ____

e) ‖HS‖ NS NS NS NS ____

f) HS NS NS NS HS ____

g) HS NS NS NS NS ‖HS‖ ____

h) ‖HS‖ NS NS NS NS ____

i) ‖HS‖ NS NS NS ____

Übersetzen Sie nun die Satzperioden 1.–9.

Text

1. Vom guten Gebrauch der Zeit

Laudemus itaque et in numero felicium reponamus eum, cui, quantulumque temporis contigit, bene collocatum est. (Sen. epist. 93, 5)

2. Die Einwohner von Kroton versprechen sich viel vom Maler Zeuxis

Putaverunt enim, si, quo in genere plurimum posset, in eo magnopere elaborasset, egregium sibi opus illo in fano relicturum. (Cicero inv. II, 1)

3. Cicero ist enttäuscht über die Entwicklung des Staates

Cum autem res publica, in qua omnis mea cura, cogitatio, opera poni solebat, nulla esset omnino, illae scilicet litterae conticuerunt forenses et senatoriae. (Cic. off. II, 1, 3)

4. Der Unterschied zwischen fahrlässiger und vorsätzlicher Tat

Sed in omni iniustitia permultum interest, utrum perturbatione aliqua animi, quae plerumque brevis est et ad tempus, an consulto et cogitata fiat iniuria. (Cic. off. I, 8, 27)

5. Unterschiedliche Äußerungen von Philosophen zur Bestimmung von „gut" und „böse"

Cumque fundamentum esset philosophiae positum in finibus bonorum et malorum, purgatus est is locus a nobis quinque libris, ut, quid a quoque et quid contra quemque philosophum diceretur, intelligi posset. (Cic. div. II, 1, 2)

6. Der Mensch erinnert sich, woher er kommt

Ex quo efficitur illud, ut is agnoscat deum, qui, unde ortus sit, quasi recordetur. (Cic. leg. I, 25)

7. Wenn Freundschaft ausgenützt wird

Magna etiam discidia et plerumque iusta nascuntur, cum aliquid ab amicis, quod rectum non esset, postularetur, ut aut libidinis ministri aut adiutores essent ad iniuriam. (Cic. Lael. X, 35)

8. Weg und Ziel sind nicht zu trennen

Quam (exspectationem) tu una re facillime vinces, si hoc statueris, quarum laudum gloriam adamaris, quibus artibus eae laudes comparantur, in iis esse elaborandum. (Cic. ad fam. 2, 4)

9. Dass andere dasselbe getan haben, ist keine Entschuldigung

In eius modi re ac moribus, si is, qui erit adductus in iudicium, cum manifestis in flagitiis tenebitur, alios eadem fecisse dicet, illi exempla non deerunt. (Cic. Verres 2, 3, 207 f.)

3.3 Hauptsatz, durch Nebensätze mehrmals unterbrochen

Eine weitere Gruppe von Satzgefügen, nämlich diejenigen, die aus einem Hauptsatz bestehen, der durch verschiedene Nebensätze mehrmals unterbrochen wird, verdient am ehesten den Namen **Periode**. *Periode* heißt **Kreislauf bzw. Herumgehen**.

Das bedeutet also, dass in einem Satzgefüge der Hauptsatz (bzw. Teile davon) immer wiederkehrt, sich **bogenförmig** um die Nebensätze schließt:

Beispiel | Ita, quod in advorsis rebus optaverant, otium, postquam adepti sunt, asperius acerbiusque fuit. (Sall. Iug. 41.4)

| HS | NS | HS | NS | HS |

Grafisch wird dieses Satzschema genauso wie alle anderen Schachtelperioden dargestellt, allerdings müssen jetzt zusätzlich zum Subjekt und Prädikat **die Teile des Hauptsatzes** an der Bruchstelle, wo sie Nebensätze unterbrechen, aufgeschrieben werden.

Beispiel

```
├─ Ita
│   ├─ quod
│   └─ optaverant
├─ otium
│   ├─ postquam
│   └─ adepti sunt
└─ asperius acerbiusque fuit.
```

Das Wort *Periode* haben wir gerade erläutert; sein griechisches Herkunftswort *Periodos* (= **Kreislauf, Herumgehen**) gibt uns nun genau die Verfahrensweise an, die wir brauchen, um die eben besprochene Art von Satzgefüge auflösen zu können:

Wie Pfeiler ragen in dem Satzgefüge Teile des Hauptsatzes aus der Reihe der Nebensätze heraus und man muss nun um die Nebensätze regelrecht herumgehen, um zu diesen Pfeilern hinzugelangen.

Die *Methode* (= **das planmäßige Verfahren**) für die Übersetzung des Satzgefüges ist also, den **Hauptsatz** zu **verfolgen** und die **Nebensätze** zunächst einmal **auszuklammern**.

Die Fortsetzung des Hauptsatzes erkennt man daran, dass die später folgenden Teile **keine Einleitungswörter** mehr benötigen – ganz im Gegensatz zu den Nebensätzen, die Sie z. B. an ihren jeweiligen **Konjunktionen** erkennen können.
Außerdem fügen sich diese Satzteile erst ganz zum Schluss (meist zusammen mit dem Prädikat) zu einem Satz zusammen.

In längeren Satzperioden werden unterbrochene Hauptsätze **ohne Einleitungswörter** fortgeführt. Die Teile des Hauptsatzes lassen sich an den „Bruchstellen" wieder zusammenfügen.
Hat man schließlich **alle Teile des Hauptsatzes** beisammen, ist der **Hauptsatz vollständig**.

Gehen Sie nun bei der Übersetzung immer nach folgendem Verfahren vor:

1. Stellen Sie zunächst die **Art des Satzgefüges** fest. (Im Satzbeispiel S. 90 z. B.: durch Nebensätze mehrmals unterbrochener Hauptsatz)

2. Fügen Sie sodann die **Teile des Hauptsatzes** wieder **zusammen**, indem Sie von einem zum anderen springen und die Nebensätze zunächst ignorieren.

3. Übersetzen Sie dann den **vollständigen Hauptsatz**.

4. Fügen Sie die **Nebensätze** übersetzt an die **alte Stelle** im Satz ein, wenn es erforderlich ist (z. B. bei Relativsätzen), oder hängen Sie diese an den Hauptsatz an.

Übung **D 7**

Finden Sie durch das Labyrinth der Haupt- und Nebensätze? Wenn nicht, erleichtern Sie sich Ihren Weg mithilfe des **Ariadne-Fadens**:

a) Unterstreichen Sie alle Prädikate und umrahmen Sie alle unterordnenden Konjunktionen und Relativpronomina!

b) Stellen Sie alle auftretenden Perioden grafisch dar nach dem bereits geübten Muster, indem Sie nur Konjunktionen oder Relativpronomina und Subjekt/Prädikate sowie Teile des Hauptsatzes, die von Nebensätzen unterbrochen werden, eintragen.

c) Übersetzen Sie die Sätze 1, 2 und 5!

Beispiel

1. Cäsar verhindert den Abzug der Helvetier

Interea ea legione, quam secum habebat, militibusque, qui ex provincia convenerant, a lacu, qui in flumen Rhodanum influit, ad montem Iuram, qui fines Sequanorum ab Helvetiis dividit, milia passuum undeviginti murum in altitudinem pedum sedecim fossamque perducit. (Caes. Gall. I, 8, 1)

2. Cäsar nutzt das Unwetter zu einer List

Postero die Caesar promota turri perfectisque operibus, quae facere instituerat, magno coorto imbri non inutilem hanc ad capiendum consilium tempestatem arbitratus, quod paulo incautius custodias in muro dispositas videbat, suos quoque languidius in opere versari iussit et, quid fieri vellet, ostendit. (Caes. Gall. VII, 27, 1)

3. Numitor erkennt Romulus und Remus als seine Enkel

Numitor inter primum tumultum hostes invasisse urbem atque adortos regiam (erg. domum) dictitans, cum pubem Albanam in arcem praesidio armisque obtinendam avocasset, postquam iuvenes perpetrata caede pergere ad se gratulantes vidit, extemplo advocato concilio scelera in se fratris, originem nepotum, ut geniti, ut educati, ut cogniti essent, caedem deinceps tyranni seque eius auctorem ostendit. (Liv. I, 6, 1)

4. Der Staat ist auf Ungerechtigkeit gebaut, behauptet Philus

Text (Fortsetzung)

Suscepit enim Philus ipse disputationem eorum, qui sentirent sine iniustitia geri non posse rem publicam, purgans praecipue, ne hoc ipse sentire crederetur, egitque sedulo pro iniustitia contra iustitiam, ut hanc esse utilem rei publicae conaretur ostendere ... (Aug. civ. II, 21)

5. Jeder Organisation liegt ein Plan zugrunde

Omnis ergo populus, qui est talis coetus multitudinis, qualem exposui, omnis civitas, quae est constitutio populi, omnis res publica, quae, ut dixi, populi res est, consilio quodam regenda est, ut diuturna sit. (Cic. rep. I, 41)

6. Hannibal – von Jugend an ein Feind der Römer

Fama est etiam Hannibalem annorum fere novem pueriliter blandientem patri Hamilcari, ut duceretur in Hispaniam, cum perfecto Africo bello exercitum eo traiecturus sacrificaret, altaribus admotum tactis sacris iure iurando adactum se, cum primum posset, hostem fore populo Romano. (Liv. XXI, 1, 4)

4. Kombinierte Satzperiode: Struktur komplizierterer Satzperioden mit mehr als drei Sätzen

Wirklich schwierig wird eine Satzperiode, wenn sich die bisher besprochenen Arten vermischen, wenn z. B. eine **Flügelperiode**[1] durch **Schachtelsätze**[2] erweitert wird (vgl. Kap. D 2. Die übersichtliche Satzperiode).

[1] *Zwei Nebensätze rahmen Hauptsatz ein ...*

[2] *Hauptsatz wird von Nebensatz unterbrochen, auch mehrmals ...*

Diese komplizierteren Satzgefüge verlangen sehr viel *analytisches* (= **auflösendes**) Können. Sie müssen dabei in der Lage sein, das ganze *System* (= **Zusammenstellung**) der Sätze zu durchschauen.

Schauen Sie sich zunächst einmal die Ratschläge in unserem Tipp auf der nächsten Seite an.

1. Erschrecken Sie nicht vor längeren Satzperioden. Auch sie setzen sich aus Einzelsätzen zusammen!

2. Bestimmen Sie die **Reihenfolge der Einzelsätze**: Haupt- **vor** Nebensätzen!

3. Achten Sie darauf, ob ein **Satz** (Haupt- oder Nebensatz) **vollständig** ist, also ein **Prädikat** aufweist.

4. Bestimmen Sie das **Schema**, nach dem die Periode gebildet ist. Visualisieren Sie es sodann nach dem eingeübten Muster!

5. **Ahmen Sie** Schachtelsätze bei der Übersetzung ins Deutsche **nicht nach**!
Erst wenn der Sinn der Einzelsätze einigermaßen verständlich ist, fügen Sie die Sätze wieder zusammen und ordnen diese in ein im Deutschen übliches Satzgefüge ein.
Also: statt dem lateinischen Ineinander das deutsche Nacheinander.

Am nachfolgenden Beispiel können Sie üben, wie sich auch kompliziertere lateinische Sätze entfalten lassen.
Es entsteht immer ein Bild von ineinander verschachtelten oder sich gegenseitig einrahmenden Sätzen.

Wenn Sie also eine Satzperiode aufgelöst haben, sollten Sie eine harmonische Ordnung erkennen, wie sie im einfachen Satz über die lateinischen Konstruktionen (A.c.i. und AmP) bis zu einfachen Satzgefügen sichtbar wurde.

Sulla kann seine Armee nicht in Zucht halten

Text

Huc adcedebat, quod L. Sulla exercitum, quem in Asia ductaverat, quo sibi fidum faceret, contra morem maiorum luxuriose nimisque liberaliter habuerat (Sall. Catil. 11, 5)

1. Ergänzen Sie den Lückentext zur Analyse des Satzes oben!

Die Satzperiode besteht aus _____ Sätzen. Der _____ satz geht voran. Die zwei Nebensätze werden durch einen _____ mit der Konjunktion _____ eingerahmt. Die Einrahmung gibt an, dass die beiden Nebensätze dem einrahmenden Nebensatz unter-/übergeordnet sind (das Richtige bitte unterstreichen!).

Übung D 8

2. Tragen Sie die Sätze in das Schaubild ein!

3. Ob die beiden eingerahmten **Nebensätze gleichwertig** sind oder einer von dem anderen **abhängig** ist, lässt sich erst bei der Übersetzung feststellen.
   Übersetzen Sie den Satz.

Lateinische Satzperiode: kombinierte Form 95

Text | **Ein eiskalter Mord**

1. Milo ut cognovit vulneratum Clodium, cum sibi periculosius illud etiam vivo eo futurum intellegeret, occiso autem magnum solacium esset habiturus, etiam si subeunda esset poena, exturbari taberna iussit …

2. … Cadaver eius in via relictum, quia servi Clodii aut occisi erant aut graviter saucii latebant, Sex. Teidius senator, qui forte ex rure in urbem revertebatur, sustulit et lectica sua Romam ferri iussit. (Ascon. 6)

Übung D 9

a) Die beiden Satzgefüge sind wieder Rahmungen, die erst herausgeschält werden müssen! Ergänzen Sie den Lückentext!

1. Der _____ umrahmt _____ Nebensätze, wobei der zweite Nebensatz in _____ Teile zerfällt.

2. Zwei Nebensätze sind in den Hauptsatz so eingebettet, dass das (welcher Satzteil?) _____ in der Mitte zwischen den beiden Nebensätzen zu stehen kommt, das _____ und das _____ (welche Satzteile des Hauptsatzes?) die beiden Nebensätze umrahmen.

(Wie bei einer Frucht liegt der Kern in der Mitte, die Schale außen und das Fruchtfleisch dazwischen!)

b) Schreiben Sie die Sätze in die vorgegebenen Strukturen und übersetzen Sie sie dann!

1.
Milo

exturbari taberna iussit.

2.
Cadaver eius in via relictum,

Das tapfere Sterben des Titus Pomponius Atticus　　　　　　　　*Text*

Hac oratione habita tanta constantia vocis atque vultus, ut non ex vita, sed ex domo in domum videretur migrare, cum quidem Agrippa eum flens atque osculans oraret atque obsecraret, ne id, quod natura cogeret, ipse quoque sibi acceleraret et, quoniam tum quoque posset temporibus superesse, se sibi suisque reservaret, preces eius taciturna sua obstinatione depressit. (Nep. Att. 22)

Eine Satzperiode mit sechs Sätzen! Es dürfte Ihnen nach den vielen Übungen aber nicht schwer fallen, den **Hauptsatz** herauszufinden. Vor allem, wenn Sie die **Nebensätze herauskristallisieren**.

Übung D 10

1. Markieren Sie im Text die **Nebensatzkonjunktionen** und die dazugehörigen **Prädikate** und tragen Sie beide in eine Tabelle ein.

2. Wieder „schält" sich ein besonders raffiniertes **Satzbild** heraus. Tragen Sie den Satz in das vorgegebene Satzschema unten ein!

Lateinische Satzperiode: kombinierte Form

Text

Sollen die Catilinarier hingerichtet werden?

1. Consul ubi ea parari cognovit, dispositis praesidiis, ut res atque tempus monebat, convocato senatu refert, quid de iis fieri placeat, qui in custodiam traditi erant. (Sall. Catil. 50, 3)

2. Tum D. Iunius Silanus primus sententiam rogatus, quod eo tempore consul designatus erat, de iis, qui in custodiis tenebantur, et praeterea de L. Cassio, P. Furio, P. Umbreno, Q. Annio, si deprehensi forent, supplicium sumundum (= sumendum) (sc. esse) decreverat. (ebd., 4)

Übung D 11

a) Erstellen Sie nun selbst ein **Satzbild** von diesen beiden Sätzen! Achten Sie dabei vor allem auf die **Entwicklung** des jeweiligen Hauptsatzes.

b) Der Schriftsteller hat sich sehr **lateinisch** verhalten, wie Sie auch bei der **Übersetzung** bemerken werden!

Text und Übersetzung

Die Reaktion auf die „Himmelfahrt" des Romulus

Romana pubes sedato tandem pavore, postquam ex tam turbido die serena et tranquilla lux rediit, ubi vacuam sedem regiam vidit, etsi satis credebat patribus, qui proximi steterant, (eum) sublimem raptum (erg. esse) procella, tamen velut orbitatis metu icta maestum aliquamdiu silentium obtinuit. (Liv. I, 16, 2)

Übersetzung:

Nachdem sich endlich der Schrecken gelegt hatte und nach einem so stürmischen Tag das heitere und ruhige Sonnenlicht zurückgekehrt war, glaubte zwar das junge römische Volk, als es den Königstuhl leer sah, völlig den Vätern, die am nächsten gestanden hatten, dass er von einem Windstoß in die Höhe entführt worden sei; dennoch hielt es ziemlich lange an einem wehmütigen Schweigen fest, wie aus Furcht vor der Verwaistheit getroffen.

Übung D 12

1. Klären Sie mithilfe der **Übersetzung** folgende Fragen zu diesem Text:

   – Es finden sich im lateinischen Text **zwei Rahmen**: nämlich ein großer und ein kleiner. Welche sind es?

   – **Zwei Konstruktionen**, die im Deutschen als eigene Nebensätze übersetzt werden, lassen dieses lateinische Satzgefüge sehr schwierig erscheinen. Welche sind es?

2. Zeichnen Sie ein **Satzbild**.

Ein kleiner Text des Schriftstellers Gellius, inhaltlich anspruchslos, aber mit verschachtelten Bandwurmsätzen, soll für Sie eine letzte Probe sein.

Sie sollten nun nach den Vorübungen imstande sein, die drei Sätze zu durchschauen, die Einzelteile zusammenzufügen und sie zu übersetzen!

a) Die drei *et* in Text 1 verbinden verschiedene Satzteile bzw. Sätze! Welche?
b) Von welchen Wörtern hängen die Nebensätze ab?

Übung D 13

Die Aufgaben des Richters

Text 1

1. Sed de his et ceteris huiuscemodi iudicialis officii tractatibus et nos posthac, cum erit otium, dicere, quid sentiamus, conabimur et praecepta Aelii Tuberonis super officio iudicis, quae nuperrime legi, recensebimus.

a) Entblättern Sie die Sätze 2 und 3, indem Sie zunächst die Nebensätze einklammern; übrig bleibt der Hauptsatz!
b) Dann strukturieren Sie alles in einem Satzbild.
c) Übersetzen Sie nun alle Sätze. Fangen Sie bei der Übersetzung mit dem Hauptsatz an!

2. In hac causa, de qua tu ambigis, optimus est, qui petit, unde petitur deterrimus, et res est inter duos acta sine testibus.

Text 2 und 3

3. Eas igitur et credas ei, qui petit, condemnesque eum, de quo petitur, quoniam, sicuti dicis, duo pares non sunt et, qui petit, melior est.
(Gellius 14, 2, 20–23)

Lateinische Satzperiode: kombinierte Form

Text und Kontext

Bisher haben wir uns mit Satzgliedern, Gliedsätzen, Hauptsätzen, Nebensätzen, Satzperioden, mit Analysieren, Konstruieren, Strukturieren beschäftigt.

Ein Satz kommt aber selten allein. Erst in der Verbindung mehrerer Sätze, im **Kontext**, erschließt sich **der Sinn der einzelnen Sätze**.

Deshalb wollen wir uns jetzt an längeren Texten versuchen und uns die verschiedenen Schritte des allmählichen Erfassens eines komplexeren Gedankengangs klarmachen. Dabei gehen wir folgendermaßen vor:

1. Schritt: **Annäherung** an Inhalt und Gedankenführung eines Textes durch bewusstes Lesen
2. Schritt: die **Verknüpfung** des Einzelsatzes mit dem **Kontext**
3. Schritt: die **Erschließung** des Textes aus dem Kontext.

Sich den **Inhalt** eines zu übersetzenden Textes **gedanklich** zu vergegenwärtigen, kann **nicht** erst **Ergebnis einer Übersetzung** sein, denn Übersetzen ist nicht bloß ein mechanisches Puzzle-Spiel.

Die Auswahl bestimmter Bedeutungen bei mehrdeutigen Wörtern, die Präzisierung eines Bildes usw. sind notwendige Schritte, die dem reinen Übersetzungsvorgang als anspruchsvoller geistiger Prozess vorausgehen.

Ebenso wenig ist ein Vertauschen der Schritte ausreichend oder sinnvoll, obwohl darin eine große Versuchung liegt, die die Ursache vieler Übersetzungsfehler ist: aus den ersten Eindrücken beim Durchlesen einen Sinn zusammenzukonstruieren und sich die Sätze dann entsprechend zurechtzubiegen.

Bei der Übersetzung lateinischer Texte ist es notwendig, immer zwischen **zwei Ebenen** hin- und herzuspringen, nämlich

- sich über **Inhalt** und **Gedankenführung** klar zu werden,
- den **grammatikalisch-syntaktischen Aufbau** zu analysieren und nachzuvollziehen.

Die folgenden Übungen sollen deshalb nicht einen bestimmten Weg vorzeichnen, sondern dazu anregen, bei der Übersetzung schwierigerer Texte immer wieder innezuhalten und den Text auch von einer anderen Seite her anzugehen.

Vor allem sollten Sie sich nicht an Stellen festbeißen, die Ihnen zunächst schwer fallen, sondern das, was Sie wissen, sinnvoll verbinden und von da aus den Text immer wieder neu attackieren, bis er schließlich sein Geheimnis preisgibt!

1. Bewusstes Lesen des Textes

Den ersten, einfachsten und leider häufig missachteten Hinweis auf den Inhalt gibt bereits **die Überschrift**.

Verweilen Sie ruhig einen Augenblick dabei und versuchen Sie sich z. B. zu vergegenwärtigen, was Sie zu dem **Thema** bereits wissen bzw. welche Fragen Sie selbst zu einem solchen Thema hätten.

Beim Lesen des Textes werden Sie natürlich versuchen, so weit als möglich **Inhalt** und **Gedankenführung** zu erahnen.

Wenn Ihnen der Aufbau der einzelnen Sätze nicht auf Anhieb klar ist, ist es bei diesem ersten Lesen noch zu früh, sie zu analysieren. Damit können Sie beim Lesen der Einzelsätze beginnen.

Eine erste Annäherung an den Inhalt erreichen Sie, wenn Sie den Text **quer lesen**. Beachten Sie dabei die Hinweise auf der nächsten Seite:

1. Am hervorstechendsten sind zunächst immer **Eigennamen**. Aber Vorsicht: Ein Eigenname kann auch nur einmal im Text auftauchen, weil er nur als Beispiel dient. Achten Sie deshalb auf Hinweise, die die Wichtigkeit des Namens unterstreichen, z. B. auf Pronomina, die den Namen wieder aufnehmen, auf Wiederholung usw. Rekapitulieren Sie geistig, was Sie bereits alles über den Namen wissen.

2. Den **zweiten Hinweis** auf den Inhalt des Textes geben die verwendeten **Substantive**. Beachten Sie nur diejenigen, die Sie bereits kennen. Ein Teil der verwendeten Substantive lässt sich sicher eindeutig einem **Thema** bzw. einem **Sachgebiet zuordnen**.

   Wenn Sie dazu dann die **Genitive** mit ihrem Bezugswort, die **Adjektive** und die **präpositionalen Ausdrücke** hinzunehmen, so können Sie auf diese Weise bereits erste **Wortblöcke** und damit **Sinneinheiten** abgrenzen. Bitte nehmen Sie wirklich nur das zusammen, was eindeutig zueinander gehört!

3. Der **dritte Schritt**, der Sie an ein vorläufiges Textverständnis heranführen kann, ist **das Aufsuchen der Prädikatsgruppe**. Mit der Verbindung von Prädikat und Objekt(en) bestimmen Sie weitere **Wortblöcke**, die wichtig für den Sinnzusammenhang des Textes sein können.

   Achten Sie bei den Verben auch auf **Tempus** und **Numerus**, denn diese können ebenfalls wichtige Hinweise auf die **Textgattung** geben.[1]

[1] *z. B. die Verwendung der **1.** und **2. Person** in **Rede**, **Brief** oder **Dialog**, das Vorherrschen des **Präsens** bei **allgemeinen Erörterungen**, des **Präteritums** bei der Darstellung **vergangener Ereignisse** ...*

Diese drei Schritte zur ersten Texterschließung sollten Sie in den folgenden Übungen jedoch stets getrennt vollziehen, um sich dieser Methode und ihrer Grenzen ganz bewusst zu werden. Was Sie damit erreichen können, ist nämlich im besten Falle eine einigermaßen exakte *Paraphrase* (= Umschreibung mit eigenen Worten) des Textes.

Erschließen Sie anhand der oben entwickelten Kriterien den Inhalt der folgenden Texte.

Übung E 1

a) Schreiben Sie nach dem **1.** und **2. Schritt** alle Ihnen bekannten **Eigennamen** und **Substantive** in eine Reihe (Kasus beibehalten) und überprüfen Sie, welche Substantive einem Sachgebiet oder Thema zuzuordnen sind.

b) Bilden Sie sodann die **Prädikatsgruppen (3. Schritt)**. Welche Personen sind vorherrschend?

c) **Übersetzen Sie** die Texte und versuchen Sie ganz zum Schluss eine **Überschrift** zu formulieren bzw. die **Textgattung** oder das **Sachgebiet des Textes**[1] anzugeben.

[1] z. B. Philosophie, politische oder gerichtliche Rede, Mythos, Geschichte, Legende usw.

Texte

1. ... tantum abest, ut scribi contra nos nolimus, ut id etiam maxime optemus. In ipsa enim Graecia philosophia tanto in honore numquam fuisset, nisi doctissimorum contentionibus dissensionibusque viguisset. Quam ob rem hortor omnis (= omnes) qui facere id possunt, ut huius quoque generis laudem iam languenti Graeciae eripiant et perferant in hanc urbem, sicut reliquas omnis (erg. laudes), quae quidem expetendae, studio atque industria sua maiores nostri transtulerunt. (Cic. Tusc. II, 4/5)

2. Qui vero etiam propria his bona adiecerit, ut suppleat quae deerant, circumcidat si quid redundabit, is erit, quem quaerimus, perfectus orator: quem nunc consummari potissimum opporteat, cum tanto plura exempla bene dicendi supersunt, quam illis, qui adhuc summi sunt, contigerunt. Nam erit haec quoque laus eorum, ut priores superasse, posteros docuisse dicantur. (Quint. inst. 10, 2, 28)

3. Ambitio multos mortalis (mortales) falsos fieri subegit, aliud clausum in pectore, aliud in lingua promptum habere, amicitias inimicitiasque non ex re, sed ex commodo aestumare, magisque voltum (= vultum) quam ingenium bonum habere. Haec primo paulatim crescere, interdum vindicari; post ubi contagio quasi pestilentia invasit, civitas inmutata, imperium ex iustissimo atque optumo crudele intolerandumque factum. (Sall. Catil. 10, 5)

Text (Fortsetzung)

4. Dictator cum tumultus Gallici causa iustitium edixisset, omnes iuniores sacramento adegit ingentique exercitu ab urbe profectus in citeriore ripa Anienis castra posuit. Pons in medio erat, neutris rumpentibus ne timoris indicium esset. Proelia de occupando ponte crebra erant, nec, qui potirentur, incertis viribus satis discerni poterat. (Liv. 7, 9, 6)

2. Einbeziehen des Kontextes

Das Verfahren, sich also von Substantiv zu Substantiv oder Prädikat zu Prädikat „hangelnd" einen ersten Zugang zum Inhalt eines Textes zu verschaffen, können Sie auch auf einzelne Sätze anwenden.

Haben Sie in einem Text einen längeren oder besonders schwierigen Satz, so hilft Ihnen diese Methode, einen ersten Anhaltspunkt zu finden.

Eine weitere Hilfe bietet dann der **Kontext**: Es empfiehlt sich, zunächst einmal **diejenigen Sätze zu übersetzen**, die den schwierigen Satz **umrahmen**. Dabei kann insbesondere der nächstfolgende Satz wichtige Aufschlüsse geben. Achten Sie hier vor allem auf die **Überleitungen, Konjunktionen, Pronomina** u. ä.

Weist z. B. eine kausale Überleitung des nächsten Satzes auf den inhaltlichen Grund Ihres Problemsatzes hin, so lässt sich mit ein bisschen Spürsinn oftmals eine **Hypothese** aufstellen, die dann mit Hilfe der Substantive überprüft werden kann.

Vor allem bei der Darstellung von Handlungsabläufen können meist präzise Fragen, die aus dem Kontext heraus gestellt werden, weiterhelfen.

Aber: Achten Sie immer darauf, diese Art von Paraphrasierung nicht an die Stelle der Übersetzung treten zu lassen, sondern benutzen Sie sie ganz bewusst nur als Hilfsmittel vor der eigentlichen Übersetzung bzw. zur Überprüfung während und nach der Übersetzung.

Bei den folgenden drei Übungstexten haben wir Ihnen schon einen Teil der Arbeit abgenommen und den **Kontext** bereits **übersetzt**.

Übung E 2

a) Überprüfen Sie aber zunächst anhand der **Überleitungen**, in welchem logischen und evtl. auch zeitlichen **Verhältnis** der Problemsatz zum Kontext steht bzw. welche weiteren Hinweise die **Überleitung** gibt (z. B. durch ein **Pronomen**, durch den **Ablativus absolutus**).

b) Suchen Sie dann alle Ihnen bekannten **Substantive** (gegebenenfalls mit Adjektiv und Präposition) heraus.

c) Versuchen Sie schließlich, eine Hypothese über den **Inhalt** des Problemsatzes zu formulieren und diesen zu übersetzen.

Texte und deutscher Kontext

1. Als mehrere Schiffe zerschellt und die übrigen nach Verlust der Taue, der Anker und des übrigen Takelwerkes nicht mehr seetüchtig waren, bemächtigte sich des ganzen Heeres – es musste ja so kommen – ein großer Schrecken. Es gab nämlich keine anderen Schiffe, auf denen man hätte zurücktransportiert werden können. Es fehlte außerdem alles, was zur Reparatur der Schiffe notwendig war, und es war, weil allgemein die Ansicht bestand, dass man in Gallien überwintern müsse, in diesen Gegenden für den Winter kein Verpflegungsvorrat angelegt worden.

Quibus rebus cognitis principes Britanniae, qui post proelium ad Caesarem convenerant, inter se conlocuti, cum et equites et naves et frumentum Romanis deesse intellegerent et paucitatem militum ex castrorum exiguitate cognoscerent, quae hoc erant etiam angustiora, quod sine impedimentis Caesar legiones transportaverat, optimum factu esse duxerunt rebellione facta frumento commeatuque nostros prohibere et rem in hiemem producere, quod his superatis aut reditu interclusis neminem postea belli inferendi causa in Britanniam transiturum confidebant.

Deshalb verschworen sie sich und begannen, nach und nach das Lager wieder zu verlassen und ihre Landsleute heimlich von der Feldarbeit wieder heranzuholen. Aber obwohl Cäsar ihre Absichten noch nicht durchschaute, ahnte er doch infolge des Missgeschickes seiner Schiffe und der Tatsache, dass plötzlich keine Geiseln mehr gestellt worden waren, es werde kommen, was dann auch wirklich geschah. (Caes. Gall. IV 30, 1–31, 1)

Text und Kontext: Einbeziehen des Kontextes

Text und deutscher Kontext (Fortsetzung)

2. Im Konsulatsjahr des Gnaeus Pompeius und Marcus Crassus war nämlich die Amtsgewalt der Volkstribunen wiederhergestellt worden. Hatten nun junge Leute dies einflussreiche Amt erlangt, so begannen sie mit der Rücksichtslosigkeit, die ihrem Alter und ihrer Art entsprach, durch Vorwürfe gegen den Senat die Masse aufzuhetzen und dann durch Geschenke und Versprechungen sie noch mehr zu entflammen, sich selbst aber auch diese Weise Ansehen und Macht zu verschaffen. Gegen sie stemmte sich mit allen Mitteln der größte Teil des Adels, scheinbar für den Senat, in Wirklichkeit aber für die eigene Machtstellung.

Namque, ut paucis verum absolvam, post illa tempora quicumque rem publicam agitavere, honestis nominibus, alii sicuti populi iura defenderent, pars, quo senatus auctoritas maxima foret, bonum publicum simulantes pro sua quisque potentia certabant.

Sie kannten weder Maß noch Ziel bei ihrem Kampfe; rücksichtslos suchten beide Parteien ihren Sieg auszunutzen. (Sall. Catil. 38, 1–4)

3. Das ganze Leben der Philosophen ist ja, wie Sokrates sagt, eine Vorbereitung auf den Tod.

Nam quid aliud agimus, cum a voluptate, id est a corpore, cum a re familiari, quae est ministra et famula corporis, cum a re publica, cum a negotio omni sevocamus animum, quid, inquam, tum agimus, nisi animum ad se ipsum advocamus, secum esse cogimus maximeque a corpore abducimus?

Den Körper aber von der Seele trennen heißt ja nichts anderes als: sterben lernen. Deshalb wollen wir uns darum kümmern, glaub mir, und uns vom Körper lösen, also uns ans Sterben gewöhnen. (Cic. Tusc. I, 75)

3. Textbefragung: mehrdeutige Wörter

Bei der **Satzanalyse** und **Übersetzung**, wie wir sie bisher geübt haben, gibt es immer wieder Punkte, an denen die **Rückbesinnung auf den Kontext** notwendig und die **Formulierung präziser Fragen** mithilfe des Kontextes nützlich sein kann.

Das hängt vom jeweiligen lateinischen Text ab, aber auch von Ihren individuellen Fähigkeiten, Ihrer Intuition und Ihrem Kenntnisstand. Wir können Ihnen dazu also kein Rezept anbieten. Trotzdem wollen wir Ihnen im Folgenden anhand von ausgewählten Übungen vorführen, wie **Kontext, Textbefragung** und **Analyse der Konstruktion** ineinander greifen können.

Zuvor aber noch einige Erläuterungen:

Der Satz als Kontext ist vor allem dann wichtig, wenn **Wörter** auftauchen, die eine **größere Bedeutungsbreite** besitzen. Bei Substantiven stellt sich dieses Problem besonders dann, wenn es sich um **abstrakte Begriffe**, z. B. aus dem philosophischen Bereich, handelt. Einige dieser Bezeichnungen können oft nur annäherungsweise ins Deutsche übertragen werden. In solchen Fällen empfiehlt es sich, den lateinischen Ausdruck zunächst stehen zu lassen (Kasus beachten!) und erst aus dem Kontext zu überprüfen, welche Ihnen bekannte Bedeutung hier passen könnte oder ob eine andere Formulierung besser wäre.[1] Auch wenn Sie dann trotzdem noch im Wörterbuch nachsehen müssen, haben Sie auf diese Weise den Vorteil, den konzentrierten Arbeitsablauf nicht unterbrechen zu müssen.

[1] *Ebenso verfährt man mit den Wörtern, die man nicht auf Anhieb weiß. Ihre Bedeutung kann man – sofern sie nicht Subjekt bzw. Objekt sind – vorerst zugunsten der Satzanalyse vernachlässigen.*

Übung E 3

Im folgenden Text haben wir Ihnen wiederum den **Kontext** schon **übersetzt**.

a) Suchen Sie aus einem (möglichst umfangreichen) Wörterbuch die deutschen Bedeutungen von *sapientia* und *ratio* heraus. Tragen Sie in der Skala zwischen den beiden Polen **konkret – abstrakt** die wichtigsten **Bedeutungen** ein.

konkret		abstrakt
	sapientia	
	ratio	

b) Wählen Sie dann diejenigen aus, die Ihrer Meinung nach die jeweiligen Textstellen in der Übersetzung sinnvoll ergänzen.

Text

Ein sapiens Mann führte einst die Menschen, die verstreut übers Land oder versteckt in den Wäldern gelebt hatten, ratione quadam an einen Ort zusammen und lehrte sie alles Nützliche und Ehrenwerte. Zuerst protestierten sie wegen des Ungewohnten, dann aber hörten sie wegen rationem et orationem eifriger zu, und er machte sie aus wilden Ungeheuern zu gesitteten menschlichen Wesen. Auch ich glaube, dass die sapientia, die nicht stumm und sprachlos ist, die Menschen von ihrer Gewohnheit abbringt und zu verschiedenen rationes des Lebens führt. (Cic. inv. I, 2)

Schwieriger wird es allerdings, wenn ein **vieldeutiges Verb** vorliegt. Zunächst können Sie versuchen, am Satzaufbau zu erkennen, ob das **Verb transitiv, intransitiv** oder mit **einer anderen Konstruktion** (z. B. A.c.i.) verbunden ist. Damit ist bei mehrdeutigen Verben die Entscheidung manchmal schon gefallen (z. B. bei *contendere*).

Ist der Zusammenhang jedoch nicht ohne weiteres zu erkennen, so bieten sich zwei Kontextfragen an:

– Welche Bedeutung wäre vom Kontext her sinnvoll?

– Welches Wort im Satz ergibt eine sinnvolle Verbindung mit dieser möglichen Verbbedeutung?

Erinnern Sie sich dabei an die Stellungsregel, die wir im ersten Teil dieses Buches erarbeitet haben: Die enge Verbindung von Prädikat und zugehörigem Objekt zur Prädikatsgruppe ist im lateinischen Satz fast immer eingehalten.

In den folgenden Sätzen, die alle demselben größeren Kontext, nämlich Cäsars *Bellum Gallicum*, entnommen sind, taucht *agere* in verschiedenen Bedeutungsnuancen auf.

Übung E 4

a) Überlegen Sie zunächst, welche der Ihnen bekannten Bedeutungen von *agere* in diesem Sinnzusammenhang – d. h. der Darstellung von kriegerischen Unternehmungen – sinnvoll und welche eher unwahrscheinlich sind (z. B. **deklamieren**).[1]

[1] Schon jetzt können Sie ein Wörterbuch zu Hilfe nehmen.

b) Versuchen Sie dann, in den Sätzen die **Prädikatsgruppe** bzw. die **Hauptbestandteile** des Satzes zu identifizieren.

c) Suchen Sie zum Schluss mithilfe des Wörterbuchs die passende Bedeutung heraus und übersetzen Sie alle Sätze.

Text

1. Eine böse List des Ambiorix

Interim dum de condicionibus inter se agunt longiorque consulto ab Ambiorige instituitur sermo, paulatim circumventus interficitur. (Caes. Gall. V, 37, 2)

2. Verhandlungen

Facta potestate eadem, quae Ambiorix cum Titurio egerat, commemorant. (Caes. Gall. V, 41, 2)

3. Belagerung

Hostes maximo clamore sicuti parta iam atque explorata victoria turres testudinesque agere et scalis vallum ascendere coeperunt. (Caes. Gall. V, 43, 3)

4. Cäsars List

Caesar … ex omnibus partibus castra altiore vallo muniri portasque obstrui atque in his administrandis rebus quam maxime concursari et cum simulatione agi timoris iubet. (Caes. Gall. V, 50, 5)

4. Überprüfung des Verständnisses durch Fragen

Gezielte Fragen aus dem Kontext können bei der **Satzanalyse helfen, Sinneinheiten zu isolieren**. Das ist freilich nur dann sinnvoll, wenn Sie die Hauptbestandteile des Hauptsatzes bereits fest im Griff haben, denn sonst wird daraus allzu leicht ein zielloses Raten.

Auf diese Weise können jedoch die freien Angaben in **Satzgliedern** und **Nebensätzen** (z. B. Attributiv- und Adverbialsätze) geordnet werden.

Für solche Fragen kann es natürlich kein einheitliches Schema geben, da sie sich weitgehend aus der Logik des jeweiligen Textes ergeben. Wir wollen hier lediglich einige Anregungen geben, in welche Richtung man fragen kann:

Frage	Mögliche lateinische Form
1. Werden Subjekt bzw. Objekt(e) genauer beschrieben?	Relativsatz, Genitivattribut, Adjektiv, Participium coniunctum
2. Gibt es Angaben über Ort und Zeit?	präpositionaler Ausdruck, temporaler Nebensatz, AmP, Adverb
3. Gibt es Angaben über Art und Verlauf, über besondere Umstände?	Adverb, AmP, adverbialer Nebensatz, substantivische nd-Form, präpositionaler Ausdruck
4. Gründe, Motive, Ziele?	wie 3.; außerdem Finalsatz
5. Hinderungsgründe, Hilfsmittel?	wie 3.; instrumentaler Ablativ
6. Auswirkungen, Schaden, Nutzen?	Dativ, Konsekutivsatz

Vielleicht wollen Sie in spielerischer Weise einmal selbst wie ein Autor einen lateinischen Satz bauen, selbst darüber entscheiden, welche Informationen Sie geben und auf welche Weise, welche Sie besonders in den Vordergrund stellen, welche anderen Sie eher am Rande erwähnen möchten.

In der nächsten und letzten Übung dieses Buches haben Sie die Möglichkeit dazu. Um Ihnen nicht plötzlich eine Übersetzung ins Lateinische abzuverlangen und um vor allem einen Vergleich mit einem richtigen römischen Autor zu ermöglichen, haben wir innerhalb eines **Kontextes**, den wir bereits **übersetzt** haben, einen **lateinischen Satz** auf das grammatikalisch Notwendige **reduziert**.

Alle zusätzlichen Informationen, die der tatsächliche Text Cäsars enthält, haben wir in wahlloser Reihenfolge darunter geschrieben.

Wählen Sie nun aus diesen zusätzlichen Informationen diejenigen aus, die Ihnen für die Geschichte wichtig erscheinen und stellen Sie sie dorthin, wo es die Stellungsregeln erlauben und wo sie ihrer Bedeutung nach auch hinpassen.

Spielen Sie mit den Möglichkeiten und genießen Sie es, selbst die Entscheidung treffen zu können!

Übung E 5

Text und deutscher Kontext

Nach einem Überraschungsangriff der Germanen, der den Waffenstillstand brach, unternimmt das römische Heer eine Strafaktion gegen das germanische Lager

Unsere Soldaten brachen voller Wut über die gestrige Treulosigkeit ins Lager der Germanen ein. Hier leisteten die, welche schnell zu den Waffen greifen konnten, uns kurze Zeit Widerstand, indem sie zwischen ihren Wagen und ihrem Tross kämpften. Die übrige Menge dagegen, Frauen und Kinder, – sie waren nämlich mit „Kind und Kegel" ausgewandert und über den Rhein gegangen – begann, in alle Richtungen zu fliehen. Ihnen nachzujagen, schickte Cäsar die Reiterei aus.

Germani se eiecerunt et reliqui se praecipitaverunt atque perierunt.

Unsere Truppe zog sich ohne einen einzigen Verlust mit nur ganz wenigen Verwundeten aus dem so furchtbaren Gefecht ins Lager zurück.
(Caes. Gall. IV, 14, 3–15, 3)

Lateinische Ausdrücke

timore, lassitudine, vi fluminis oppressi

in flumen

post tergum clamore audito

ex castris

cum ad confluentem Mosae et Rheni pervenissent

reliqua fuga desperata

ibi

magno numero interfecto

cum suos interfici viderent

armis abiectis signisque militaribus relictis

Text und Kontext: Überprüfung durch Fragen

Hier folgen einige Tipps, die Ihnen das Übersetzen ein wenig erleichtern.

Eine gute Übersetzung erarbeitet man am besten schrittweise:

Erster Schritt: Lesen

Wichtigste Regel: Jeder Satz ist Teil eines größeren Ganzen. Lesen Sie daher einen Satz nicht isoliert, sondern in Zusammenhang mit einem Abschnitt oder dem gesamten Text - und dies nicht nur einmal, sondern wiederholt.

Zweiter Schritt: Satzanalyse

Bestimmen Sie zunächst
1. den Hauptsatz
2. den Nebensatz bzw. die Nebensätze.

Klären Sie dann: Welches sind die notwendigen Bestandteile eines Satzes?

Ermitteln Sie zuerst das Prädikat, davon ausgehend dann das Subjekt und abhängige Objekte. Vom Prädikat aus lassen sich auch die Adverbialen erschließen.

Markieren Sie anschließend Sinneinheiten und Wortblöcke!

Dritter Schritt: Übersetzung

Auch bei der Übersetzung selbst gehen Sie schrittweise vor:

1. Übersetzen Sie erst all das, was Sie kennen;
   Alle nicht notwendigen Bausteine können Sie zuerst noch weglassen!
2. Schritt für Schritt erarbeiten Sie die Rohübersetzung.
   Auch wenn eine Rohübersetzung im ersten Augenblick nicht schön klingt:
   Eine richtige Rohübersetzung ist besser als eine flüssige Falschübersetzung!

Letzter Schritt: Sprachliche Überarbeitung

Wenn Sie nun Ihre Rohübersetzung in gutes Deutsch übertragen und dabei die sprachlichen Unebenheiten geglättet haben, haben Sie es geschafft!

Das waren nun recht „technische" Tipps.

Hier folgen noch einige Hinweise, mit deren Hilfe Sie Ihre Übersetzung auch inhaltlich optimieren können:

10 Grundregeln für die Umsetzung lateinischer Texte ins Deutsche

1. **Übersetzen Sie „so wörtlich wie möglich und so frei wie nötig"! Halten Sie sich dabei an den Textablauf, soweit es möglich ist.**

2. **Prüfen Sie bei einer unübersichtlichen Satzperiode, ob der Satzbau durch die Beiordnung von Nebensätzen vereinfacht werden kann:**
   Caesar cohortatus suos proelium commisit =
   > Caesar hat seine Leute ermahnt und hat dann die Schlacht begonnen.

3. **Vermeiden Sie „Übersetzungsdeutsch", also Formulierungen, die sich zu nahe am lateinischen Original bewegen. Die Übersetzung sollte verständlich und flüssig lesbar sein.**
   Caesar, postquam ... =
   > nachdem Caesar ...

4. **Vermeiden Sie dass-Sätze:**
   negavit se hoc fecisse =
   > er behauptete, er habe es nicht getan;

   peto a te, ut me adiuves =
   > ich bitte dich, mir zu helfen;

   Cicero praeclarum oratorem fuisse dicitur =
   > Cicero soll ein sehr berühmter Redner gewesen sein

5. **Verwandeln Sie Passivformen (wie PPP) im Lateinischen, wenn möglich, ins Aktiv. Dabei können Sie - wie auch beim Gerundivum - mithilfe von „man" übersetzen:**
   quibus rebus cognitis incolae =
   > als die Einwohner dies erfahren hatten;

   discipulus mihi laudandus est =
   > ich muss den Schüler loben;

   victis parcendum est =
   > man muss die Besiegten schonen

6. **Geben Sie satzwertige Konstruktionen, wie sie nur im Lateinischen vorkommen, also A.c.i., Ablativ mit Partizip oder Participium coniunctum, als adverbiale Bestimmungen oder Beiordnungen wieder:**

   Hannibalem accipimus apud Cannas vicisse =
   Hannibal hat, so hören wir, bei Cannae gesiegt;

   discedens =
   nach seinem Weggang

7. **Nutzen Sie die Möglichkeit, lateinische Verben adverbiell wiederzugeben, z.B.**

   constat =
   bekanntlich;

   videor =
   anscheinend;

   haud scio an =
   vielleicht

8. **Verkürzen Sie lange Satzperioden dadurch, dass Sie einzelne Nebensätze (vor allem Relativsätze!) auf Substantive reduzieren:**

   dic quid sentias! =
   sage deine Meinung!;

   dum haec geruntur =
   während dieser Vorgänge

9. **Vermeiden Sie Ausdrucksweisen, die im Deutschen einfach nicht üblich sind:**

   odio esse =
   verhasst sein (und nicht: .....?);

   ira incensus =
   aus Zorn (und nicht: .....?);

   laudandus =
   einer, der gelobt werden muss; ein lobenswerter Mensch (und nicht: ....?)

10. **Wählen Sie den deutschen Ausdruck so, dass er in die sprachliche Umgebung passt, also:**

    magna voce =
    mit lauter Stimme;

    magna pecunia =
    viel Geld;

    magnus orator =
    ein bedeutender Redner

Eine wichtige Grundlage für gutes Übersetzen ist natürlich der Wortschatz, den man kennt. Je größer er ist, desto leichter fällt es einem. Das weiß nun jeder – aber wie kommt man zu einem größeren Wortschatz?

Auch dafür gibt es Tricks:

Verschiedene Techniken beim Wörterlernen

Geht es Ihnen auch so? Wie oft haben Sie die Vokabeln schon gelernt, die Wortkunde durchgeackert. Und trotzdem ist nur wenig „hängen geblieben". Woran liegt das?

Langeweile, Monotonie und Routine sind gefährliche Gegner des Lernens. Man kann lernen wie ein Automat – ohne wirklich bei der Sache zu sein. Das hört sich ganz angenehm an? Nun ja – einen kleinen Nachteil hat das: Das Gelernte wird schnell wieder vergessen.
Zum erfolgreichen Lernen gehören Neugierde, Lust am Entdecken, Abwechslung und Aussicht auf Erfolg. Wann immer Sie es schaffen, mit diesen „Zutaten" zu lernen, werden Ihre Resultate für sich sprechen!

Lernen vollzieht sich auf verschiedenen Ebenen. Neben dem gedanklichen Erfassen, das eine Grundvoraussetzung ist, spielen auch Hören und Sehen eine große Rolle.

Folgende Hinweise und Übungsformen sollen Sie dazu verführen, zu Hause und auch im Unterricht einmal anders vorzugehen.

Lernen über das Hören (auditives Lernen)

- Lesen Sie schwierige Wörter mehrmals halblaut, zuerst langsam und silbenweise, dann im normalen Sprechtempo, schließlich rasch und flüssig.

- Sprechen Sie Vokabeln mit und ohne deutsche Bedeutung auf Ihren Kassettenrekorder. Spielen Sie sie nach kurzer Pause wieder ab und sprechen Sie sie dabei halblaut nach.

- Hierfür brauchen Sie einen Lernpartner/eine Lernpartnerin. Fragen Sie sich gegenseitig ab. Notieren Sie die Zahl der Wörter, die Sie wussten. Lernen Sie die Wörter, die Sie nicht wussten, noch einmal.

Lernen über das Sehen (visuelles Lernen)

- Decken Sie den deutschen oder auch den lateinischen Teil einer Vokabelliste ab und nennen Sie die jeweils anderssprachige Entsprechung.

- Unterstreichen Sie schwierige Wörter oder markieren Sie sie farbig.

- Schreiben Sie schwierige Wörter erneut - aber nun „anders", z.B. in Großbuchstaben.

- Merken Sie sich die Stelle im Buch, an der das Wort steht. Wenn Sie sich dann an das Wort erinnern wollen, lassen Sie Ihr „inneres Auge" diese Stelle noch einmal „sehen".

- Legen Sie eine Kartei mit schwierigen Wörtern an.

- Spielen Sie mithilfe dieser Karteikarten Lernspiele, z.B. *Memory, Scrabble* oder *Dalli-Dalli*.

- Nutzen Sie die Technik und lernen Sie Wörter mithilfe von PC-Programmen.

- Schreiben Sie schwierige Wörter auf große Zettel oder Plakate. Hängen Sie diese an Orte oder Stellen, wo sie Ihnen immer wieder ins Auge fallen.

Lernen durch Verknüpfung mit bereits Bekanntem (kognitives Lernen)

- Ordnen Sie neue Wörter Wortfeldern oder Oberbegriffen zu, die Ihnen bereits bekannt sind, z.B. *Familie, Alltagsleben, Sinneswahrnehmungen* oder *Kriegsgeschehen*. Lernen Sie dann nach diesen Feldern.

- Bilden Sie Gegensatzpaare und lernen Sie dann beide Wörter, z.B. *imperare - parere, permittere - vetare*.

- Bauen Sie sich Ihre eigenen Eselsbrücken! Machen Sie Wörter z.B. an Dingen, Personen, Ereignissen in Ihrer Umgebung fest.

- Suchen Sie Lehnwörter im Deutschen, die lateinischen Wörtern entsprechen, und machen Sie sich Gedanken darüber, welchen Bedeutungswandel diese Wörter seit der Zeit der Römer erfahren haben, z.B. *ambulare - Ambulanz*.

- Nutzen Sie Ihre Kenntnisse anderer Sprachen und suchen Sie nach Entsprechungen, z.B. *exhaurire, exhaustum* - erschöpfen; englisch *exhausted* - erschöpft, müde.

- Erfinden Sie eine Geschichte, in der alle Vokabeln vorkommen, die Sie lernen müssen oder wollen. Die Geschichte selbst darf auf Deutsch - mit lateinischen Einsprengseln - sein!

- Schlagen Sie die Wörter im Wörterbuch nach und achten Sie dabei bewusst auf ihre unterschiedlichen Bedeutungen.

- Finden Sie sinnvolle Reihen, z.B. *semper - plerumque - raro - numquam* oder *heri - hodie - cras*.

Diese Techniken müssen Sie nun nicht alle gleichzeitig oder vollständig anwenden. Versuchen Sie es einfach einmal mit einigen und stellen Sie fest, welche Ihnen besonders gut helfen.

Wussten Sie schon, ...

... dass rasieren, radieren und tabula rasa auf das gleiche Wort zurückgehen?

Nämlich auf *rado, rasi, rasum* (kratzen, schaben). Mit einem Messerchen schabte man Tinte vom Papyrus oder die Barthaare von den Wangen. Kleine Fehler „radierte" man, indem man mit dem flachen Ende des Schreibgriffels die Schrift verstrich. *Tabula rasa* machte man, indem man die in das Wachs eingeritzte Schrift mit dem Spachtel gleichmäßig glatt strich und evtl. noch neues Wachs darauf goss. Wenn Sie also mal *tabula rasa* haben, können Sie besonders gut neu anfangen!

... dass man mit römischen Zahlen nicht schriftlich rechnen kann?

Deshalb benutzten die Römer ein ausgeklügeltes System zum Fingerrechnen *(digitis computare!)* oder nahmen den „Taschenrechner" *(abacus)*.

... dass römische Schüler es viel schwerer hatten, lesen zu lernen?

Sie mussten nämlich zuerst einmal die *scriptio continua* (zusammenhängende Schrift) einteilen und entziffern: außerdemgabeskeinezeichensetzungundkeinegroßschreibungfürdiesubstantivegetrenntwurdenichtnachsilbensondernsowiederplatzesgeradeerforderteinunseremlateinbucherleichterndiedeutschetrennungderwörterunddiezeichensetzungdasleseerheblichwieSieandiesemtextgutmerkenkönnen!

Wissenswertes

Wussten Sie schon, ...

... dass die Römer "Geschäfte" mit ihren Göttern machten?

In einer schwierigen Lage versprach *(vovebat)* ein Römer dem zuständigen Gott einen Altar oder Tempel, damit er half. Erst wenn der Gott sich die Gabe verdient hatte *(merito!)*, löste der „Gläubige" das Versprechen ein und weihte *(vovebat)* den Altar.

... dass es bei den Römern die Sommerzeit gab?

Sie rechneten den Tag von Sonnenaufgang (ca. 5 Uhr) bis -untergang (ca. 22 Uhr). Ein Sommertag war also viel länger als ein Wintertag, eine Sommertagesstunde war somit erheblich länger als eine Stunde im Winter. Schön für die, die die langen Sommerstunden müßig am Meer genießen konnten. Aber wehe den Sklaven, die in der Hitze in Rom bleiben und 10 bis 12 lange Sommerstunden arbeiten mussten. Im Winter waren dafür dann die Nächte reichlich lang, man konnte sozusagen einen Winterschlaf halten - eine gute Methode, Energie für Heizung und Beleuchtung zu sparen!

... dass der Omnibus eine römische Erfindung ist?

So hießen die staatlichen Kurierwagen, die allen *(omnibus:* Dativ) zur Verfügung standen. Die meisten Wagen waren jedoch den kaiserlichen Beamten und Kurieren vorbehalten.

... dass die Römer bereits Straßenkarten (itinerarium) anfertigten,

in denen die Rasthäuser an den Fernstraßen eingetragen waren?

Quellenhinweise

Verzeichnis der zitierten Autoren und Werke

Autor + Werk		Gattung
Ascon.	Asconius Pedianus (9 v. Chr.–76 n. Chr.)	
	In Milonianam Ciceronis orationem	Kommentar zu einer Rede von Cicero
Aug.	Augustinus (354–430 n. Chr.)	
	civ.: De civitate Dei	religionsphilosoph. Werk
Caes.	C. Julius Caesar (100–44 v. Chr.)	
	Gall.: De bello Gallico	Geschichtsschreibung
Cic.	M. Tullius Cicero (106–43 v. Chr.)	
	ad fam.: Ad familiares	Briefe
	Brut.: Brutus	rhetor. Werk
	Cat.: In L. Catilinam	Rede
	De orat.: De oratore	rhetor. Werk
	div.: De divinatione	philosoph. Werk
	inv.: De inventione	rhetor. Werk
	Lael.: Laelius de amicitia	Dialog
	leg.: De legibus	staatstheoret. Werk
	nat.: De natura deorum	philosoph. Werk
	off.: De officiis	philosoph. Werk
	parad.: Paradoxa Stoicorum	philosoph. Dialog
	rep.: De re publica	staatstheoret. Werk
	Sull.: Pro P. Sulla	Rede
	Tusc.: Tusculanae disputationes	philosoph. Werk in Dialogform
	Verr.: In Verrem	Rede
Gell.	Gellius (geb. ca. 130 n. Chr.)	
	Noctes Atticae	Vermischte Schriften
Lact.	Lactantius (3./4. Jh. n. Chr.)	
	inst.: Divinae institutiones	Religionslehre
	epit.: Epitome divinarum institutionum	Religionslehre

Autor + Werk		Gattung
Liv.	Titus Livius (59 v. Chr.–17 n. Chr.)	
	Ab urbe condita	Geschichtsschreibung
	perioch.: Ab urbe condita librorum periochae	Geschichtsschreibung
Mon. Ancyr.	Res gestae divi Augusti (Monumentum Ancyranum)	Denkmalsinschrift
Nep.	Cornelius Nepos (ca. 100–25 v. Chr.)	
	Att.: Atticus	Geschichtsschreibung
Petron.	Petronius (gest. 66 n. Chr.)	
	Satirae (Satyricon)	satir. Roman
Pompon.	Sextus Pomponius (130–180 n. Chr.)	
	dig.: Digesta	jurist. Schrift
Publil. Syr.	Publilius Syrus Sententiae	Spruchsammlung
Quint.	Quintilianus (ca. 35–95 n. Chr.)	
	inst.: Institutio oratoria	rhetor. Werk
Sall.	Sallustius (86–ca. 35 v. Chr.)	
	Catil.: De coniuratione Catilinae	Geschichtsschreibung
Sen.	Seneca der Jüngere (ca. 4 v. Chr.–65 n. Chr.)	
	epist.: Epistulae ad Lucilium	Briefe
	nat.: Naturales quaestiones	naturphilosoph. Werk
Tac.	Cornelius Tacitus (ca. 55–120 n. Chr.)	
	ann.: Annales	Geschichtsschreibung
	Germ.: Germania	Geschichtsschreibung
	hist.: Historiae	Geschichtsschreibung
Val. Max.	Valerius Maximus (1. Hälfte des 1. Jh. n. Chr.)	
	ext.: facta et dicta memorabilia externi	Geschichtsschreibung

Seite 86

Karikatur „Urteilsverkündung" von Olaf Gulbransson aus: Olaf Gulbransson (Hg.), Simplicissimus 1965, © by Verlag Langen Müller in der F. A. Herbig Verlagsbuchhandlung GmbH München

Grammatischer Anhang

1. Verben mit anderem Kasus als im Deutschen 122

2. Die Funktionen des Ablativs 123

3. A.c.i. und N.c.i. 125
   3.1 Verben mit A.c.i. und N.c.i. 125
   3.2 Zeitverhältnisse im A.c.i. (und N.c.i.) 126
   3.3 Übersetzungsmöglichkeiten des A.c.i. 127

4. Partizipialkonstruktionen 128
   4.1 Zeitverhältnisse, Formen und Besonderheiten des Partizips 128
   4.2 Übersetzungsmöglichkeiten für das Participium coniunctum 128
   4.3 Übersetzung des AmP (= Abl. abs.) 130

5. nd-Formen in Verbindung mit Verben des Gebens, Nehmens, Besorgens 130

6. Die wichtigsten Konjunktionen 131

1. Verben mit anderem Kasus als im Deutschen

Hier sollte man sich an die **Verben** erinnern, die ihre **Objekte in einen anderen Kasus** setzen **als im Deutschen**:

a) Folgende Verben werden im Lateinischen von einem **anderen Kasus** regiert:

Latein		Deutsch	
adiuvare *fugere* *deficere* *decet* *fallit* *fugit*	+ **Akkusativ**	helfen entfliehen fehlen es ziemt[1] (besser: es ziemt sich für + Akk.) es entgeht	+ **Dativ**
nubere *parcere* *favere* *studere* *invidere* *persuadere* *mederi*	+ **Dativ**	heiraten schonen, sparen begünstigen erstreben beneiden überreden, überzeugen heilen	+ **Akkusativ**
oblivisci *reminisci* *meminisse* *recordari* *misereri*	+ **Genitiv**	vergessen sich erinnern an bemitleiden	+ **Akkusativ**

[1] Im Deutschen ist *es ziemt* + Dativ veraltet, obwohl grammatikalisch richtig. Wenn überhaupt, dann ist heute gebräuchlich: *es ziemt sich für* + Akk.

b) Besonders schwer ist es, sich den **Ablativ als Objekt** zu merken! Denn 1. gibt es im Deutschen keinen Ablativ, und 2. kennen wir ihn im Lateinischen vor allem als adverbiale Bestimmung. Aber bei folgenden Verben tritt er als **Objekt** auf:

Latein		Deutsch	
carere *egere* *uti* *fungi* *frui*	+ **Ablativ**	entbehren brauchen benützen verwalten genießen	+ **Akkusativ**
potiri *vesci*		sich bemächtigen sich ernähren	− + **Genitiv** − + *von* + **Ergänzung**

Grammatischer Anhang

c) Bei den **unpersönlichen Verben** (*es ärgert mich etwas*), die im Deutschen meistens persönlich behandelt werden (*ich ärgere mich über etwas*), setzt das Lateinische **zwei Objekte**. Die **Person**, welche die Empfindung hat, steht im **Akkusativ**, der **Gegenstand** (Person oder Sache) im **Genitiv**:

Person	Ausdruck		Gegenstand
Akkusativ +	*paenitet*	– es reut (mich) (ich bereue)	**+ Genitiv**
	pudet	– es beschämt (mich) (ich schäme mich)	
	piget	– es ärgert (mich) (ich ärgere mich)	
	taedet	– es ekelt (mich) (ich ekle mich)	
	miseret	– es ergreift Mitleid (ich habe Mitleid)	

2. Die Funktionen des Ablativs

Art	Funktion	Beispiel
Ablativus modi	… gibt die **Art und Weise** an: *Wie geschieht etwas?*	*aequo animo* = mit Gleichmut *hoc modo* = auf diese Weise
Ablativus causae	… gibt einen **Grund**, eine **Ursache** an: *Warum geschieht etwas?*	*gaudio lacrimare* = vor (aus) Freude weinen *ira incensus* = wutentbrannt
Ablativus instrumenti	… gibt ein **Mittel**, ein **Instrument** an: *Womit geschieht etwas?*	*navibus flumen transire* = mit Schiffen den Fluss überqueren

Art	Funktion	Beispiel
Ablativus temporis/ locativus	… gibt **Ort** oder **Zeit** an: *Wann oder wo geschieht etwas?*	*hoc anno* = in diesem Jahr *multis locis* = an vielen Stellen
Ablativus separativus	… gibt eine **Trennung** an: *Wovon trennt sich einer, woher kommt einer?*	*copias castris educere* = Truppen aus dem Lager führen *Corintho venire* = aus Korinth kommen
Ablativus limitationis	… bezeichnet den **Standpunkt der Betrachtung**: *Von wo aus, in welcher Beziehung?*	*nomine Graecus* = dem Namen nach ein Grieche
Ablativus mensurae	… gibt bei Komparativen das **Maß der Verschiedenheit** an: *Um wieviel?*	*aliquanto melior* = beträchtlich besser *paulo post* = wenig später
Ablativus comparationis	… steht bei **Vergleichen** bzw. **Komparativen** statt *quam*: *… als etwas …*	*luce clarius* = heller als die Sonne
Ablativus pretii	… gibt den **Preis** an: *Wie viel kostet etwas, wie teuer ist es?*	*parvo pretio emere* = zu einem geringen Preis kaufen
Ablativus qualitatis	… bezeichnet eine **Eigenschaft**: *Mit welcher Eigenschaft?*	*vir summo ingenio* = ein Mann von höchster Begabung

3. A.c.i. und N.c.i.

3.1 Verben mit A.c.i. und N.c.i.

a) Als **Objekt** steht der **A.c.i.**

- **nach den Verben des Sagens** (*verba dicendi*):

    dicere – sagen
    contendere – behaupten[1]
    persuadere – überzeugen[2]

- **nach den Verben der geistigen Wahrnehmung** (*verba sentiendi*):

    animadvertere – wahrnehmen
    cogitare – denken
    putare – glauben

    Nach diesen Verben gibt der **A.c.i.** eine **Aussage** wieder.

- **nach den Verben der Gemütsbewegung** (*verba affectus*):

    gaudere – sich freuen
    mirari – sich wundern
    dolere – Schmerz empfinden

    In diesen Fällen gibt der **A.c.i.** den **Grund der Gemütsbewegung** an.

- **bei einigen Verben des Wünschens, Verbietens** und **Veranlassens**, wenn das Subjekt wechselt, z. B.:

    velle – wollen
    nolle – nicht wollen
    malle – lieber wollen
    iubere – befehlen (aber: *imperare* mit ut)
    vetare – verbieten
    cupere – wünschen
    studere – wünschen (aber: *id studere, ut*)
    sperare – hoffen

    In diesen Fällen drückt der **A.c.i.** einen **Wunsch** aus.

Parentes liberi esse volunt. – Die Eltern wollen frei sein.

Parentes liberos beatos esse volunt. – Die Eltern wollen, dass ihre Kinder glücklich sind.

Die meisten anderen Verben dieser Art verbinden sich mit einem finalen *ut*-Satz, z. B. *optare*.

Beispiele

[1] Bei den anderen Bedeutungen von **contendere** (sich anstrengen, sich beeilen, kämpfen): kein A.c.i.!

[2] Dagegen als *überreden* mit finalem **ut**!

Beispiele

Beispiele

Beispiele

Grammatischer Anhang

b) Als **Subjekt** erscheint der **A.c.i.**:

– **nach unpersönlichen Ausdrücken**, die mit den *verba dicendi, sentiendi* und *affectus* **sinnverwandt** sind:

Beispiele
constat – es ist bekannt
me fugit, fallit – es entgeht mir
apparet – es ist offenbar

– **bei anderen unpersönlichen Ausdrücken** und bei *esse* (*haberi* und ähnlichen kopulativen Verben) in Verbindung mit einem **Prädikatsnomen**, und zwar dann, wenn ein bestimmtes Subjekt eingeführt wird:

Beispiele
mos est – es ist Gewohnheit
interest, refert – es ist von Wichtigkeit
iuvat, prodest, expedit, conducit – es nützt
praestat – es ist besser

Wenn **Verben**, nach denen der **A.c.i.** als **Objekt** steht, ins **Passiv gesetzt** und **persönlich konstruiert** werden, so steht statt des A.c.i. der **N.c.i.** Er steht also bei allen Personen der Verben *videri* (*videor* – ich scheine), *dici* (*dicor* – ich werde gesagt = ich soll), *putor* u. ä., bei *iuberi* (*iubeor*), *vetari* (*vetor*), bei Verben wie *fertur/feruntur* (man erzählt, dass – nur 3. Pers.), *traditur/traduntur* (es wird überliefert – nur 3. Pers.) . . .

Beispiele
Beati esse dicimini. – Man sagt, ihr wäret glücklich.
  Ihr sollt glücklich sein.

Milites pontem facere iussi sunt. – Den Soldaten wurde befohlen, eine Brücke zu bauen.

[1] Hier steht der Infinitiv im Passiv (vgl. oben).

3.2 Zeitverhältnisse im A.c.i. (und N.c.i.[1])

Der Infinitiv bezeichnet keine absolute Zeit, sondern stellt nur ein **Zeitverhältnis** zum regierenden Verb her:

Tempus Endungen: Aktiv Passiv	vorzeitig . . . Infinitiv Perfekt -isse -um esse	gleichzeitig . . . Infinitiv Präsens -re -ri	nachzeitig . . . Infinitiv Futur -urum, -am, -um esse -um iri
	. . . zur finiten Verbform		

3.3 Übersetzungsmöglichkeiten des A.c.i.

Cicero <Romanos animo forti magnas res peregisse> docuit. | Beispiel: Originalsatz

> Die **erste** und in den meisten Fällen auch **gute Übersetzung** ist der deutsche *dass*-Satz. Dies gilt als eherne Grundregel.

Cicero lehrte, dass die Römer durch Mut große Dinge geleistet haben. | Beispiel: Übersetzung

Vor allem in Fällen, in denen der A.c.i. relativ kurz ist, kann der *dass*-Satz allzu schwerfällig wirken. Es stehen folgende weitere Übersetzungsmöglichkeiten zur Wahl:

a) Gliedsatz ohne Konjunktion

Diese Möglichkeit besteht vor allem bei den *Verba dicendi* als eine Form der indirekten Rede:

Cicero lehrte, die Römer hätten durch Mut große Dinge geleistet. | Beispiel: Übersetzung

b) Das regierende Verb wird im Deutschen zur adverbialen Bestimmung.

Diese Übersetzungsmöglichkeit bietet sich vor allem bei den unpersönlichen Ausdrücken an, die mit einem *dass*-Satz äußerst schwerfällig wirken. So wird aus dem Verb *apparet = es ist offensichtlich* im Deutschen das Adverb *offensichtlich*, aus *constat = es ist bekannt* wird das Adverb *bekanntlich* usw. Obwohl die Wiedergabe des A.c.i. mithilfe einer adverbialen Bestimmung für das regierende Verb oft eine elegante Lösung ist, muss man darauf achten, dass gegenüber den Intentionen des Autors eine Gewichtsverschiebung stattfindet: Das, was der Autor zum Hauptsatz gemacht hat, „verschwindet" im Deutschen in einer bloßen adverbialen Bestimmung.

Nach der Lehre Ciceros vollbrachten die Römer Großes durch ihren Mut. | Beispiel: Übersetzung

c) Das regierende Verb wird aus dem Satzganzen herausgelöst und als *Parenthese* (Einschub) wiedergegeben.

Auch hier findet gegenüber dem lateinischen Satz eine Gewichtsverschiebung statt, aber die *Parenthese* hebt das Verb dennoch stärker hervor.

Die Römer vollbrachten – wie Cicero lehrte – durch ihren Mut Großes. | Beispiel: Übersetzung

d) Infinitiv mit *zu*: vor allem bei den *Verben des Wünschens, Befehlens* und *Veranlassens*

Caesar pontem rescindi iussit. – Cäsar befahl, die Brücke abzubrechen. | Beispiel und Übersetzung

4. Partizipialkonstruktionen

4.1 Zeitverhältnisse, Formen und Besonderheiten des Partizips

Zeitverhältnisse und Formen

	vorzeitig …	gleichzeitig …	nachzeitig …
Tempus:	Partizip Perfekt Passiv	Partizip Präsens Aktiv	Partizip Futur Aktiv
Endungen:	-us, -a, -um	-ns	-urus, -a, -um
	… zur finiten Verbform		

a) Einige **PPP** haben **aktivische Bedeutung**, besonders die, die sich aufs Essen beziehen:

| *pransus, cenatus, potus* | – einer, der gefrühstückt, gegessen, getrunken hat, nach dem Frühstück … |
| *iuratus* | – einer, der geschworen hat |

b) Bei manchen **Deponentien** und **Semideponentien** stellt das PPP **Gleichzeitigkeit** zum regierenden Verb her:

ratus, arbitratus	– in der Meinung
admiratus	– voll Verwunderung
miseritus	– aus Erbarmen
veritus	– aus Furcht
gavisus	– voll Freude
secutus	– folgend
confisus	– im Vertrauen auf
usus	– gebrauchend, … mit …

c) Gelegentlich kann das **PPP** eine **Unmöglichkeit** ausdrücken:

| *invictus* | – unbesiegbar |
| *immensus* | – unermesslich |

4.2 Übersetzungsmöglichkeiten für das Participium coniunctum

Beispiel: Originalsatz | Itaque |cives oppidum fortiter defendentes| fame laborabant.

Ein Participium coniunctum wird durch einen Relativsatz übersetzt.

Beispiel: Übersetzung | Deshalb litten die Bürger, die die Stadt tapfer verteidigten, Hunger.

a) Eine **wörtliche Übersetzung** ist in der Regel nur dann erträglich, wenn der Partizipialausdruck sehr kurz ist.

Deshalb litten die die Stadt tapfer verteidigenden Bürger Hunger. | *Beispiel: Übersetzung*

b) Am elegantesten ist die Übersetzung durch einen **präpositionalen Ausdruck**.

Deshalb litten die Bürger bei der tapferen Verteidigung der Stadt Hunger. | *Beispiel: Übersetzung*

c) Außer dem **Relativsatz** können auch **andere Nebensätze** sinnvoll sein, z. B. Kausal-, Temporal-, Modalsatz usw.

Deshalb litten die Bürger, während/als/da/indem sie die Stadt tapfer verteidigten, Hunger. | *Beispiel: Übersetzung*

d) **Anstelle der Unterordnung** kann der Partizipialausdruck auch zu einem **beigeordneten Satz** umgewandelt und mit dem regierenden Verb durch eine **beiordnende Konjunktion** verbunden werden. Das stellt zwar oft den Sinnzusammenhang erst deutlich heraus, aber es findet dabei gegenüber den Intentionen des lateinischen Autors – der diese Möglichkeit ja auch hätte wählen können! – eine Gewichtsverschiebung statt.

Deshalb verteidigten die Bürger die Stadt tapfer und litten so Hunger. | *Beispiel: Übersetzung*

Die Übersetzung des **Participium coniunctum** durch einen **Relativsatz** kommt dem Lateinischen insofern entgegen, als die Sinnrichtung nicht genau festgelegt wird. In allen anderen Fällen muss man sich in der deutschen Übersetzung je nach dem Satzinhalt für eine Bedeutungsrichtung entscheiden, z. B. temporal, kausal etc. und dies durch Konjunktionen bzw. Präpositionen wiedergeben:

	Unterordnung	**Beiordnung**	**präpositional**
temporal	als, nachdem während solange	dann, darauf, unterdessen	nach, auf … hin während, unter in
modal	indem ohne dass	so	bei ohne
kausal	da, weil	daher, deshalb	wegen, aus
konzessiv	obwohl wenn auch	trotzdem dennoch	trotz
konditional	wenn	–	im Falle

Grammatischer Anhang

4.3 Übersetzung des AmP (= Abl. abs.)

Beispiel: Originalsatz | *Tum oppido a civibus fortiter defenso hostes se receperunt.*

> Das **AmP** wird meist durch einen **Temporalsatz** wiedergegeben.

Beispiel: Übersetzung | *Dann zogen sich die Feinde zurück, nachdem die Stadt von den Bürgern tapfer verteidigt worden war.*

Besonders beim **PPP** empfiehlt sich oft eine Umwandlung ins **Aktiv**, da die deutschen Passivformen sehr schwerfällig wirken:

Beispiel: Übersetzung | *Dann zogen sich die Feinde zurück, nachdem die Bürger die Stadt tapfer verteidigt hatten.*

Aber Vorsicht, wenn im Lateinischen die betroffene(n) Person(en) nicht genannt ist/sind!

Außer dem **Relativsatz**[1] gelten ansonsten alle Übersetzungsmöglichkeiten, die beim **Participium coniunctum** aufgezählt wurden.

[1] Denn der Abl. abs. ist ja absolut, d. h. ist von keinem anderen Satzteil abhängig!

5. nd-Formen in Verbindung mit Verben des Gebens, Nehmens, Besorgens

Nur der Vollständigkeit halber erwähnen wir hier auch den **prädikativen Gebrauch** der **nd-Formen** in Verbindung mit Verben wie:

Beispiele | *dare, tradere, mittere, committere, permittere, relinquere, suscipere, curare*

Meist gibt es bei der Übersetzung kaum Probleme. Das **Gerundiv** drückt den **Zweck/das Ziel** der Handlung aus:

Beispiele | *Librum tibi legendum mitto.* – Ich schicke dir ein Buch zum Lesen.
| *Bellum gerendum Pompeio traditum est.* – Dem Pompeius wurde die Führung des Krieges anvertraut.

6. Die wichtigsten Konjunktionen

Als verbindende Elemente im Satz, sozusagen als Zement zwischen Sätzen und Satzteilen, verwendet der Lateiner folgende **Konjunktionen**:

a) Beiordnende Konjunktionen

Art	Beiordnende Konjunktionen
kopulative (anreihende):	*et, atque, ac, -que:* und; *neque, nec* (*neve* nur in Begehrs- und Finalsätzen): und nicht; *etiam* (steigernd), *quoque:* auch
adversative (entgegensetzende):	*sed, autem, at* (entgegensetzend), *verum, vero* (steigernd): aber; *tamen:* dennoch, *neque vero:* aber nicht
kausale (begründende):	*nam, enim:* denn; *neque enim:* denn nicht
konklusive (folgernde):	*itaque:* daher; *igitur, ergo* (folgernd), *proinde* (auffordernd): also, demnach
disjunktive (trennende):	*aut* (ausschließend), *vel* (die Wahl lassend), *sive, seu:* oder
korrespondierende (einander entsprechende):	*et– et, cum–tum:* sowohl–als auch; *ut–ita:* wie–so, zwar–aber; *non solum (modo)–sed etiam:* nicht nur–sondern auch; *neque–neque, nec–nec:* weder–noch; *neque–et:* einerseits nicht–andererseits; *aut–aut* (ausschließend), *vel-vel* (die Wahl lassend): entweder–oder; *sive–sive, seu–seu:* vielleicht–oder, sei es–oder; *modo–modo:* bald–bald, *partim–partim:* teils–teils, *primum–deinde (–denique):* zuerst–dann (schließlich)

b) Unterordnende Konjunktionen

Art der Konjunktion	Übersetzung	Gebrauch	Beispiel
cum b. Ind.			
1. temporale I	damals als; wenn	bei genauer Zeitangabe	*Cum Augustus imperio Romano praefuit, Christus natus est.*
2. temporale II	sobald (als)	meist Ind. Perf.	*Amicus, cum primum advenit, me adiit.*

Grammatischer Anhang

(Unterordnende Konjunktionen)

Art der Konjunktion	Übersetzung	Gebrauch	Beispiel
3. **iterativum**	sooft (als); jedesmal, wenn	meist Ind. Perf. b. Wiederholung (auch *quotiens*)	*Cum rus veni, vita tranquilla me delectat.*
4. **inversum**	als plötzlich; (Hauptsatz mit „da")	Umkehrung: Nebensatz bringt Haupthandlung	*Nondum epistulam tuam legeram, cum ipse intravisti.*
5. **coincidens**	indem; dadurch, dass; wenn	zeitl. u. sachl. Zusammenfall zweier Vorgänge	*Cum tacent, confitentur.*
*cum* b. Konj.			
1. **historicum**	als	zeitl. Vorbereitung eines Fortschritts i. d. Erzählung	*Cum litteras tuas accepissem, gavisus sum.*
2. **causale**	da, weil	Grund	*Quae cum ita sint, manebo.*
3. **concessivum**	obgleich, obwohl	Einräumung	*Cum possideant plurima, plura petunt.*
4. **adversativum**	während hingegen	Gegensatz	*Cum scribere debeas, ludis.*
5. **modale**	indem, wobei	Art u. Weise	*Abiit, cum diceret.*
*dum* b. Ind.			
1. **temporal**	während	nur Ind. Präs.	*Dum haec geruntur, nuntius allatus est.*
2. **temporal**	so lange als (bis)	auch *donec, quoad (quamdiu)*	*Dum spiro, spero.* *Non desinam, dum opus perfecero.*
*dum* b. Konj.			
1. **temporal-final**	so lange bis, bis	auch *donec, quoad*	*Exspectabam, dum omnes convenirent.*
2. **konditional-begehrend**	wenn nur, wofern nur	auch *modo, dummodo*	*Oderint, dum metuant.*

Grammatischer Anhang

(Unterordnende Konjunktionen)

Art der Konjunktion	Übersetzung	Gebrauch	Beispiel
ne **b. Konj.**			
1. begehrend	dass nicht bzw. Inf.	bei Begehrsatz	*Cura, ne cadas.*
2. begehrend	dass bzw. Inf.	nach *fürchten* u. *hindern*	*Timeo, ne sero veniam.*
			Impedio, ne hoc fiat.
3. final	damit nicht, um um nicht zu (Inf.)	Zweck od. Absicht	*Hannibal clam navem conscendit, ne Romani se comprehenderent.*
quamquam **b. Ind.**			
konzessiv	obgleich, obwohl	auch: *etiamsi, etsi, tametsi* m. Ind. u. Konj.	*Quamquam (etsi) volet, nemo mortem effugiet.*
			Etsi velit, nemo mortem effugiat.
quamvis **b. Konj.**			
konzessiv	wie sehr auch, wenn auch noch so sehr		*Aristides, quamvis pauper esset, summa fuit auctoritate.*
postquam **b. Ind.**			
temporal	nachdem	Ind. Perf.	*Amicus, postquam profectus est, litteras misit.*
	seitdem	Ind. Präs. oder Impf. oder Plqpf.	*Amicus, postquam profectus erat, tacebat.*
priusquam **b. Ind.**			
temporal	bevor, ehe	auch *antequam* mit Ind. Präs. oder Perf. oder Fut. II	*Ne dixeris, priusquam interrogatus eris.*
priusquam **b. Konj.**			
temporal-final	bevor, damit nicht erst	Konj. Präs., Impf., Plqpf.	*Abiimus, priusquam retineremur.*

Grammatischer Anhang

(Unterordnende Konjunktionen)

Art der Konjunktion	Übersetzung	Gebrauch	Beispiel
quasi b. Konj.			
komparativ-konditional	wie wenn, als ob	auch *velut(si)*, *tamquam(si)*, *utsi*, *ac si*	*Abit, quasi (velutsi) quid timeat.*
quin b. Konj.			
1. (im Lat. fragend)	dass	nach verneintem Zweifel	*Non dubito, quin hoc verum sit.*
2. begehrend	dass, Inf.	nach verneintem Hindern	*Non recuso, quin veniam.*
3. konsekutiv	dass nicht, dass	nach verneintem Hauptsatz, nach doppelter Verneinung	*Nihil est tam difficile, quin perficere possim.* *Non multum afuit, quin caderem.*
quod b. Ind.			
1. faktisch	die Tatsache, dass; dass	bei Tatsachen	*Quod victor victis pepercit, laudandum est.*
2. faktisch	dass	nach Verben d. Affekts u. wertenden Ausdrücken d. Geschehens	*Bene accidit (gaudeo), quod venisti.*
3. faktisch	was das anbetrifft, dass; wenn	Bezug nehmend	*Quod me mentitum esse putas, erras.*
4. kausal	da, weil; dass	auch *quia, quoniam, quando, quidem*	*Aegrotus medico gratias egit, quod eum iuverat* (bei innerer Abhängigkeit: *se iuvisset*).
quod b. Konj.			
1. faktisch	dass, Inf.	nach *non est (habeo)*	*Non est, quod querar.*
2. kausal	nicht als ob	nur verneint, bei bloßer Annahme	*Te non iuvabo, non quod non possim, sed quod nolo.*

Grammatischer Anhang

(Unterordnende Konjunktionen)

Art der Konjunktion	Übersetzung	Gebrauch	Beispiel
quo b. Konj.			
1. final	damit, desto	*quo* = *ut eo*	*Legem brevem esse oportet, quo facilius teneatur.*
2. kausal	nicht als ob	nur verneint, bei bloßer Annahme	*Te non iuvabo, non quo non possim, sed quod nolo.*
quominus b. Konj.			
begehrend	dass, Inf.	nach Verben des *Hinderns*	*Impedio, quominus hoc fiat.*
si b. Ind. u. Konj.			
1. konditional	wenn, falls	real potential irreal	*Si hoc dicis, erras.* *Si hoc dicas, erres.* *Si hoc diceres, errares.*
2. fragend	ob	nach Verben mit der Bedeutung *warten* u. *versuchen*	*Exspectabam, si venires.*
ubi b. Ind.			
temporal	so bald als	meist Ind. Perf., auch *cum primum, ut (primum), simul, simulac, simulatque*	*Amicus, ubi (primum) advenit, me adiit.*
ut b. Ind.			
1. komparativ	wie	oft mit *ita, sic*	*Ut sementem feceries, ita metes.*
2. komparativ	wie, da ja	kausaler Sinn	*Victor, ut erat clemens, victis pepercit.*
3. temporal	so bald (als)	meist Ind. Perf.	*Amicus, ut (primum) advenit, me adiit.*
4. temporal	seitdem		*Ut profectus es, multas litteras a te accepi.*

Grammatischer Anhang

(Unterordnende Konjunktionen)

Art der Konjunktion	Übersetzung	Gebrauch	Beispiel
ut b. Konj.			
1. **begehrend**	dass, Inf.	verneint: *ne*	Cura, ut valeas.
2. **begehrend**	dass nicht, Inf.	nach *fürchten*	Timeo, ut venias.
3. **final**	damit, um zu	verneint: *ne*	Do, ut des.
4. **konsekutiv**	sodass	verneint: *ut non* (Tempus wie im Deutschen)	Aristides tam iustus erat, ut iure lauda-retur bzw. laudetur.
5. **konzessiv**	gesetzt, dass; wenn auch	verneint: *ne*	Ut desint vires, tamen est laudanda voluntas.

MENTOR ABITUR-HILFE

Band 599

Latein
Oberstufe

Übersetzen mit System

Mehr Erfolg mit der richtigen Technik

Lösungsteil

Johannes Auffarth
Dr. Friederike Hausmann

mentor Verlag München

Lösungen Teil A

Polycrates, Samiorum tyrannus, eo tempore divitiis omnes homines superabat.

Fortuna ei favere videbatur.

Ipse tyrannus fortunam suam nimiam iudicabat et timebat, ne di immortales sibi inviderent.

Habebat anulum gemma pretiosa ornatum, quem maxime amabat.

Hunc Neptuno donare constituit et in mare abiecit.

Sed Neptunus id donum repudiavit et Polycrati per piscatorem quendam reddidit.

Qui in ventre piscis ingentis anulum illum reppererat et laetus tyranno tradiderat.

Tum Polycrates iure odium deorum timuit et fortuna eius brevi tempore mutata est.

Proelio victus et captus in vertice montis cruci affixus est.

Übung A 1
S. 9

Die Objekte sind im Folgenden unterstrichen:
1. Polycrates, Samiorum tyrannus, eo tempore divitiis omnes homines superabat (2).
2. Fortuna ei favere (2) videbatur (2).
3. Ipse tyrannus fortunam suam nimiam iudicabat (2) et timebat (2), ne di immortales sibi inviderent (2).
4. Habebat (2) anulum gemma pretiosa ornatum, quem maxime amabat (2).
5. Hunc Neptuno donare (3) constituit (2) et in mare abiecit (1).
6. Sed Neptunus id donum repudiavit (2) et Polycrati per piscatorem quendam reddidit (3).
7. Qui in ventre piscis ingentis anulum illum reppererat (2) et laetus tyranno tradiderat (3).
8. Tum Polycrates iure odium deorum timuit (2) et fortuna eius brevi tempore mutata est (2).
9. Proelio victus et captus in vertice montis cruci affixus est (2).

Übung A 2
S. 11

Anmerkung zur Lösung:
1. In Satz 6 und 7 müssen die Akkusativobjekte auch zum zweiten Verb hingezogen werden. Die Verben *reddere* und *tradere* haben einen „Wert" mehr!
2. Nur in den Sätzen 5 und 6 im zweiten Teil (nach et ...) bilden Objekt und Prädikat keine Einheit!

Lösungen

Übung A 3
S. 13

Adverbialia	adverbiale Bestimmung im Lat.	Frage im Dt.
Adverbien	maxime/tum	Wie? Wann?
präpositionale Ausdrücke	in mare/per piscatorem quendam/ in ventre/in montis vertice	(je nach Präposition)
Ablativus modi	iure	Auf welche Art und Weise?
limitationis	divitiis	In welcher Hinsicht?
instrumenti	gemma pretiosa	Womit?
temporis	brevi tempore/eo tempore	Wann?

Übung A 4
S. 15

1. und 2. Markiert und eingetragen müssen sein:

	Attribut + Beziehungswort
1. adjektivisch	eo tempore; omnes homines; ipse tyrannus; fortunam suam; di immortales; gemma pretiosa; anulum ornatum; id donum; piscatorem quendam; piscis ingentis; anulum illum; brevi tempore
2. substantivisch	
a) Genitiv	in ventre piscis; odium deorum; fortuna eius; in montis vertice
b) Apposition	Polycrates, Samiorum tyrannus

Übung A 5
S. 15

1. Polycrates, |Samiorum tyrannus|, |[eo tempore]| [divitiis] |omnes homines| superabat.
2. Fortuna ei favere videbatur.
3. |Ipse tyrannus| |fortunam suam| |nimiam| |iudicabat et timebat|, ne |di immortales| sibi inviderent.
4. Habebat |anulum [|gemma pretiosa|] ornatum|, quem [maxime] amabat.
5. Hunc Neptuno donare |constituit et [in mare] abiecit|.
6. Sed Neptunus |id donum| repudiavit et Polycrati [per |piscatorem quendam|] reddidit.
7. Qui [in ventre |piscis ingentis|] |anulum illum| |reppererat et laetus tyranno tradiderat|.
8. [Tum] Polycrates [iure] |odium deorum| timuit et |fortuna eius| [|brevi tempore|] mutata est.
9. [Proelio] |victus et captus| [in |vertice montis|] cruci affixus est.

Übersetzung:
Polykrates, Alleinherrscher über die Samier, übertraf in dieser Zeit alle Menschen an Reichtum. Das Glück schien ihm günstig zu sein. Der Tyrann selbst hielt sein Glück für zu groß und fürchtete, dass die unsterblichen Götter ihm neidisch seien. Er besaß einen Ring mit einem wertvollen Edelstein geschmückt, den er außerordentlich liebte. Den beschloß er Neptun zum Geschenk zu geben und warf ihn ins Meer. Aber Neptun verschmähte dieses Geschenk und gab ihn dem Polykrates zurück mithilfe eines gewissen Fischers. Dieser hatte jenen Ring im Bauch eines sehr großen Fisches gefunden und froh dem Tyrannen überreicht. Hierauf fürchtete Polykrates mit Recht den Zorn der Götter und sein Glück schlug in kurzer Zeit um. In einer Schlacht besiegt und gefangen genommen wurde er auf dem Gipfel eines Berges ans Kreuz geschlagen.

Übung A 6
S. 15

Populus Romanus Italiam incolebat.
Romani imperium Galliae obtinebant.
Rhenus imperium populi Romani finiebat.
Tum Haedui amicitia populi Romani in Gallia plurimum poterant.
Sequani autem, Haeduorum finitimi, a Germanis auxilium petiverunt.
Itaque Caesar bellum gerere constituit.
Nam imperium populi Romani beneficiis tenebatur.
Itaque magistratus imperatoresque aequitate et fide provincias atque socios defendebant.

Übung A 7
S. 16

Lösungen Teil B

Variante 1:

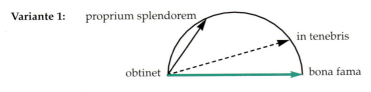

Übung B 1
S. 18

Variante 2:

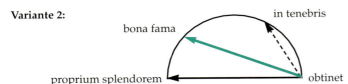

Variante 3:

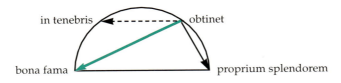

Variante 4:

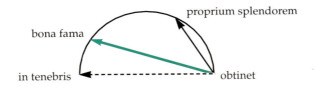

Variante 5:

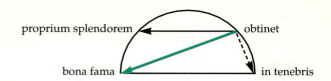

Übung B 2
S. 21

1. Orakel	Variante 2
2. Romulus Tod	Variante 4
3. er es zum zweiten Mal	Variante 1
4. wurde sein wilder Geist erregt	Variante 1

Übung B 3
S. 22

Lateinisch
Variante 1: Superabat omnes gentes virtute populus Romanus.
Variante 2: Omnes gentes populus Romanus virtute superabat.
Variante 3: Populus Romanus virtute superabat omnes gentes.
Variante 4: Virtute populus Romanus omnes gentes superabat.
Variante 5: Populus Romanus omnes gentes superabat virtute.

Deutsch
Variante 1: Siegreich überwand alle Völker das römische Volk wegen seiner Tüchtigkeit.
Variante 2: Wirklich alle Völker überwand das römische Volk mit seiner Tüchtigkeit.
Variante 3: Besonders das römische Volk überwand mit seiner Tüchtigkeit alle Völker.
Variante 4: Allein mit Tüchtigkeit überwand das römische Volk alle Völker.
Variante 5: Das römische Volk überwand alle Völker ganz besonders durch seine Tüchtigkeit.

Übung B 4
S. 22

Satz	Satzanfang	Satzende
2. Gallia est omnis divisa in partes tres.	Subjekt	adverbiale Bestimmung
3. Magna dis immortalibus habenda est atque huic ipsi Iovi Statori gratia.	Adjektivattribut des Subjekts	Subjekt
4. Romae ad primum nuntium cladis cum ingenti terrore ac tumultu concursus in forum populi est factus.	adverbiale Bestimmung des Ortes	Prädikat
5. Cicero orationem habuit luculentam atque utilem rei publicae.	Subjekt	Dativobjekt zu *utilis*

Übersetzung:
2. Gallien ist als Ganzes in drei Teile geteilt.
3. Großer Dank muss den unsterblichen Göttern und diesem Jupiter Stator hier abgestattet werden.
4. In Rom entstand unter großem Entsetzen und Unruhe ein Auflauf des Volkes auf dem Forum bei der ersten Nachricht von dieser Niederlage.
5. Cicero hielt eine bedeutende und für den Staat nützliche Rede.

In Klammern sind die Satznummern aus Übung A 2 und A 5 angegeben.

Übung B 5
S. 24

1a) gleichordnende Konjunktionen: sed (6), et (3, 5, 6, 7, 8, 9)
1b) unterordnende Konjunktionen: ne (3)
2. Relativpronomina und Pronomina am Satzanfang: hunc (5), qui (7)
3. betonte Satzglieder: habebat (4), hunc (5), tum (8), proelio (9)

a) + b):

Übung B 6
S. 25

1. Lob der Philosophie

O vitae philosophia dux, o virtutis indagatrix expultrixque vitiorum! Quid non modo nos, sed omnino vita hominum sine te esse potuisset? Tu urbes peperisti, tu dissipatos homines in societatem vitae convocasti, tu eos inter se primo domiciliis, deinde coniugiis, tum litterarum et vocum communione iunxisti, tu inventrix legum, tu magistra morum et disciplinae fuisti.

2. Ciceros Eigenlob

Ego consul, ... meis consiliis, meis laboribus, mei capitis periculis, sine tumultu, sine dilectu, sine armis, sine exercitu incensione urbem, internicione cives, vastitate Italiam, interitu rem publicam liberavi. Ego vitam omnium civium, statum orbis terrae, urbem hanc denique, sedem omnium nostrum, arcem regum ac nationum exterarum, lumen gentium, domicilium imperii, quinque hominum amentium ac perditorum poena redemi.

Übersetzung:
1. O du Führerin des Lebens, Philosophie, du Sucherin nach Vollkommenheit und Vertreiberin der Laster! Was hätten nicht nur wir, sondern überhaupt das Leben der Menschen ohne dich sein können? Du hast Städte geschaffen, du hast die verstreuten Menschen zur Gemeinschaft des Lebens zusammengerufen, du hast diese erst durch Wohnstätten, dann durch Ehen, dann durch die Gemeinschaft der Schriften und der Sprache untereinander verbunden, du bist die Erfinderin der Gesetze, du die Lehrerin der Sitten und der Lebensführung gewesen.
2. Ich habe als Konsul durch meine Maßnahmen, meine Bemühungen, unter eigener Lebensgefahr, ohne Lärm, ohne Aushebung, ohne Waffen, ohne Heer die Stadt vor Feuer, die Bürger vor einem Blutbad, Italien vor der Verwüstung, den Staat vor dem Untergang gerettet. Ich habe das Leben aller Bürger, den Bestand der ganzen Welt, diese Stadt schließlich, unser aller Wohnsitz, Burg der Könige und auswärtigen Völker, das Licht für die Völker, Wohnstätte des Reiches durch die Bestrafung von fünf wahnsinnigen und verderbten Menschen freigekauft.

a) + b):

Übung B 7
S. 27

1. Anleitung zum Lesen

Non enim scripta lectione secura transcurrimus, sed tractamus singula et necessario introspicimus.

2. Die Philosophie hatte es in Rom schwer

Philosophia iacuit usque ad hanc aetatem nec ullum habuit lumen litterarum Latinarum.

3. Der mühsame Anfang eines Saufgelages

Interpellavit tam dulces fabulas Trimalchio, nam iam sublatum erat ferculum, hilaresque convivae vino sermonibusque operam coeperant dare.

4. Die Besonderheit von Reden in der Volksversammlung und im Senat

Contio capit omnem vim orationis et gravitatem et varietatem desiderat. Sapiens autem est consilium senatus multisque aliis dicendi relinquendus locus est.

5. Reaktion auf den Mord an dem Politiker Clodius

Perlatum est corpus Clodii ante primam noctis horam, infimaeque plebis et servorum maxima multitudo magno lucto corpus in atrio domus positum circumstetit.

Übersetzung:

1. Denn wir überfliegen nicht die Werke durch sorgloses Lesen, sondern wir behandeln sie einzeln und überprüfen sie notwendigerweise.
2. Die Philosophie lag bis zu dieser Zeit danieder und fand keine Erleuchtung im lateinischen Wort.
3. Diese so bezaubernden Geschichten unterbrach Trimalchio; denn der Gang (in der Speisenfolge) war schon abgetragen und die Gäste fingen fröhlich an, sich mit Wein und Gesprächen zu beschäftigen.
4. Die Volksversammlung erfasst alle Register der Beredsamkeit und fordert Nachdruck und Abwechslung. Die Versammlung des Senats aber ist verständig und es muss (noch) vielen anderen Gelegenheit zum Reden gegeben werden.
5. Die Leiche des Clodius wurde vor der ersten Nachtstunde nach Rom gebracht und eine sehr große Menge des niedrigsten Volkes und von Sklaven stand unter heftigen Wehklagen um die Leiche herum, die im Atrium des Hauses aufgebahrt war.

Übung B 8/9
S. 29

(1.)
Cäsar gibt eine kurze Beschreibung der Sweben (= Sueben), eines südwestdeutschen Germanenstammes

Sueborum gens est longe maxima et bellicosissima Germanorum omnium. Hi centum pagos habere dicuntur, ex quibus quotannis singula milia armatorum bellandi causa ex finibus educunt. Reliqui, qui domi manserunt, se et illos alunt; hi rursus invicem anno post in armis sunt, illi domi remanent. Sic neque agricultura nec ratio atque usus belli intermittitur. Sed privati ac separati agri apud eos nihil est, neque longius anno remanere uno in loco colendi causa licet. Neque multum frumento, sed maximam partem lacte atque pecore vivunt multumque sunt in venationibus. Ea res et cibi genere et cotidiana exercitatione et libertate vitae ... vires alit et immani corporum magnitudine homines efficit.

(2.)

Prädikat	Frage nach dem/den Objekt(en)	Objekt
habere dicuntur	Wen oder was sollen sie haben?	… centum pagos
educunt	Wen führen sie heraus?	… singula milia
alunt	Wen ernähren sie?	… se et illos
vivunt	Wovon leben sie?	… neque frumento, sed lacte atque pecore
alit	Wen nährt diese Lebensweise?	… vires (Kräfte!)
efficit	Wen oder was bewirkt sie?	… homines

Anmerkung:
Das Hilfsverb *esse* kommt nicht vor, weil es kein Objekt hat!

Übung B 10
S. 30

|Sueborum gens| est longe |maxima et bellicosissima| |Germanorum omnium|. Hi |centum pagos| habere dicuntur, ex quibus quotannis |singula milia armatorum| |bellandi causa| ex finibus educunt. Reliqui, qui domi manserunt, |se et illos| alunt; hi rursus invicem anno post in armis sunt, illi domi remanent. Sic |neque agricultura nec ratio atque usus belli| intermittitur. Sed |privati ac separati agri| apud eos nihil est, neque longius anno remanere |uno in loco| |colendi causa| licet. Neque multum frumento, sed |maximam partem| |lacte atque pecore| vivunt multumque sunt in venationibus. |Ea res| |et cibi genere et cotidiana exercitatione et libertate vitae| … vires alit et |immani corporum magnitudine| homines efficit.

Übung B 11
S. 30

Übersetzung:
Die Sweben sind der bei weitem größte und kriegerischste Germanenstamm. Sie haben, wie es heißt, hundert Gaue, von denen sie alljährlich je tausend Bewaffnete zu Kriegszügen aus ihrem Land herausführen.
Die Übrigen, welche zu Hause bleiben, ernähren sich und jene. Sie ihrerseits stehen abwechselnd ein Jahr später unter Waffen, während jene zu Hause bleiben. So wird weder der Ackerbau noch die Kriegsführung und -übung unterbrochen.
Bei ihnen gibt es überhaupt kein privates oder getrenntes Ackerland, auch ist es ihnen nicht erlaubt, länger als ein Jahr an einem Platz zu bleiben, um ihn zu bestellen. Auch leben sie nicht so sehr von Getreide, sondern überwiegend von Milch und Kleinvieh und sind viel auf Jagd.
Dieses (ungebundene Leben) stärkt mit seiner Ernährungsweise, seiner täglichen körperlichen Übung und freien Lebensweise die Körperkräfte und lässt Menschen von ungeheurer Körpergröße heranwachsen.

Lösungen Teil C

Übung C 1
S. 32

1. und 2.:
Nach einem Unwetter besichtigt Cäsar seine Flotte

Verb	deutsche Übersetzung	A.c.i. ja/nein
pervenit	er gelangte	nein
cognoscit	er durchschaute	ja
convenit	es kamen zusammen	nein
decreverat	er hatte beschlossen	ja

Übung C 2
S. 34

1. und 2.:

übergeordnetes Verb	Infinitiv	Zeitverhältnis
cognoscit	tenere non potuisse	vorzeitig
decreverat	1. relinquere	gleichzeitig
	2. ducere	gleichzeitig

3. Übersetzung:
Nachdem diese Angelegenheit erledigt worden war, gelangte Cäsar mit den Legionen zum Hafen Itius. Dort erfuhr er, dass die 60 Schiffe, die bei den Meldern gebaut worden waren, durch einen Sturm verschlagen den Kurs nicht hatten halten können ... Dorthin fanden sich die Reiterei aus ganz Gallien, 4000 Mann stark, und die Fürsten aus allen Stämmen ein. Er hatte (schon vorher) beschlossen, sehr wenige von ihnen in Gallien zurückzulassen, die Übrigen mit sich zu führen.

Übung C 3
S. 34

Sallusts Urteil über die Gründe für die Größe Roms
Ac mihi multa agitanti constabat paucorum civium egregiam virtutem cuncta patravisse, eo que factum esse, uti divitias paupertas, multitudinem paucitas superaret.

Übersetzung:
Und nach vielen Überlegungen stand bei mir fest, dass die ungewöhnliche Tatkraft weniger Bürger alles zustande gebracht hat und dass es darum geschehen sei, dass Armut den Reichtum, die Minderzahl die große Masse überwinde.

Übung C 4
S. 35

Cicero über die Verwicklung der Gallier in die catilinarische Verschwörung
ihnen | ihr | ihnen | er

Übung C 5
S. 36

(nur für 3.)
Die Auflehnung der Veneter gegen Cäsar
... weil sie glaubten, dass sie selbst durch diese ihre eigenen Geiseln, die sie dem Crassus gestellt hatten, wiederbekommen könnten.

a) und b):

1. Als erster von den gallischen Stämmen entschließen sich die Carnuten zum Kampf gegen Cäsar

His rebus agitatis Carnutes <se communis salutis causa nullum periculum recusare principesque ex omnibus bellum facturos (esse)> pollicentur ...

2. Rascher Aufbruch Cäsars

Caesar praemisso equitatu <confestim legiones subsequi> iussit.

3. Menschenopfer bei den Galliern

(Galli) <supplicia eorum, qui in furto aut latrocinio aut aliqua noxia sint comprehensi, gratiora dis immortalibus esse> arbitrantur.

4. Die Opferschauer sagen schreckliches Unglück voraus ...

... haruspices ... <caedes atque incendia et legum interitum et bellum civile ac domesticum et totius urbis atque imperii occasum appropinquare> dixerunt, nisi di immortales omni ratione placati suo numine prope fata ipsa flexissent.

5. Cicero zählt ... die bisherigen Erfolge auf

<Rem publicam, Quirites, vitamque omnium vestrum, bona, fortunas, coniuges liberosque vestros atque hoc domicilium clarissimi imperii, fortunatissimam pulcherrimamque urbem hodierno die deorum immortalium summo erga vos amore, laboribus, consiliis, periculis meis e flamma atque ferro ac paene ex faucibus fati ereptam et vobis conservatam ac restitutam (esse)> videtis.

Übung C 6
S. 40

c) Übersetzung:
1. Nachdem diese Dinge verhandelt worden waren, versprachen die Carnuten, dass sie der gemeinsamen Rettung wegen keine Gefahr scheuen würden und dass sie als Führende vor allen anderen den Krieg beginnen wollten.

2. Cäsar befahl, dass die Legionen unverzüglich folgen sollten, nachdem die Reiterei vorausgeschickt worden war.

3. Die Gallier glauben, dass die Opferung derer, die bei Diebstahl, Raub oder anderen Verbrechen ergriffen worden sind, den unsterblichen Göttern angenehmer ist.

4. Opferschauer sagten voraus, dass Mord und Brand, Vernichtung der Gesetze, Bürgerkrieg zu Hause und der Untergang der ganzen Stadt und des Reiches nahe sei, wenn nicht die unsterblichen Götter, auf jede Art und Weise besänftigt, durch ihren eigenen Willen beinahe das Schicksal gewendet hätten.

5. Das Gemeinwesen, Quiriten, und euer aller Leben, Güter, Vermögen, Frauen und Kinder und diese Stätte des hochberühmten Reiches, die reichste und schönste Stadt seht ihr am heutigen Tag durch der unsterblichen Götter Liebe zu uns und durch meine Anstrengungen, Entschlüsse und Bereitschaft zu Risiken den Flammen und dem Schwert, gerade noch dem Rachen des Verderbens entrissen und euch erhalten und wiedergegeben.

Übung C 7
S. 42

1. Glück im Unglück

a) Attici labore atque industria factum est, ut eodem nuntio Saufeius certior fieret <se patrimonium amisisse et recuperavisse>.

b) **Normalstellung des A.c.i.:**
… Saufeius se patrimonium amisisse et recuperavisse certior fieret.

c) **Übersetzung:**
Dank der Mühe und des Fleisses des Atticus trat ein, dass Saufeius vom selben Boten erfuhr, dass er sein Vermögen verloren und (sogleich) wiedererlangt hatte.

2. Ariovist lässt Cäsar nicht in Ruhe

a) Cum tridui viam processisset, nuntiatum est ei <Ariovistum cum suis omnibus copiis ad occupandum Vesontionem contendere>.

b) **Normalstellung des A.c.i.:**
Cum tridui viam processisset, ei Ariovistum cum suis omnibus copiis ad occupandum Vesontionem contendere nuntiatum est.

c) **Übersetzung:**
Nachdem er drei Tage lang vorgerückt war, wurde ihm (Cäsar!) gemeldet, dass Ariovist mit allen seinen Truppen zur Belagerung von Vesontio aufgebrochen sei.

3. Vom wahren Reichtum

a) <Nihil sibi deesse> putat, nihil curat amplius, satiatus est aut contentus etiam pecunia.

b) Da hier das Subjekt im Prädikat steckt, liegt **Normalstellung des A.c.i.** vor.

c) **Übersetzung:**
Er (der Mensch) glaubt, dass ihm nichts abgeht, er trägt um nichts weiter Sorge, er ist gesättigt und sogar mit dem (vorhandenen) Geld zufrieden.

4. Der Mensch hat die Wahl zwischen zwei Wegen

a) <Duas esse humanae vitae vias> nec philosophis ignotum fuit nec poetis, sed eas utrique diverso modo induxerant.

b) **Normalstellung des A.c.i.:**
Nec philosophis nec poetis duas vias humanae vitae esse ignotum fuit, sed eas utrique diverso modo induxerant.

c) **Übersetzung:**
Dass es zwei Wege des menschlichen Lebens gibt, war weder den Philosophen noch den Dichtern unbekannt, doch hatten sie die beiden auf unterschiedliche Weise bestimmt.

Übung C 8 S. 44

a)

A.c.i.	regierendes Verb und Subjekt	Abweichung
1. non interire animas	Druides volunt persuadere	normal
(ergänze: animas) ab aliis ... transire ad alios	(wie oben)	Nachklappen von *ad alios*
(ergänze: animas) hoc ... excitari	putant	Nachklappen von *metu ... neglecto*
2. hunc ... inventorem (esse)	ferunt	normal
hunc ... ducem	arbitrantur	normal
hunc ... habere vim maximam	arbitrantur	Nachklappen von *vim maximam*
3. Germanos timere	voluit (Caesar)	Voranstellung von *suis quoque rebus*

b) **Übersetzung:**
1. Die Druiden wollen vor allem darin überzeugen, dass die Seelen nicht untergehen, sondern nach dem Tod von den einen zu den anderen wandern, und sie glauben ganz besonders, dass sie zur Tapferkeit angespornt werden, wenn die Todesfurcht beseitigt ist.
2. Merkur hat die meisten Abbilder, sie nehmen an, dass dieser der Erfinder aller Künste, dass dieser der Führer auf den Wegen und Reisen sei, und sie glauben, dass dieser den größten Einfluss habe auf Gelderwerb und Handel.
3. ... jenes war der triftigste Grund, dass er ... wollte, dass die Germanen auch um ihre eigenen Angelegenheiten fürchteten.

Übung C 9 S. 44

a) **Normalstellung:** Sätze mit A.c.i. sind doppelt gerahmt: Subjekt und übergeordnetes Verb bilden den äußeren Rahmen, Akkusativ des A.c.i. und Infinitiv den inneren.

b) **Pseudoklammerstellung:** Subjekt und Prädikat stehen am Anfang oder am Ende des Satzes, der A.c.i. nimmt die frei bleibende Stelle ein.

c) **Abweichung von der Normalstellung:** ein Satzteil im A.c.i. ist vorgezogen oder klappt nach.

Übung C 10 S. 45

a)
1. Sallust über die Erfolge Roms

Sciebam <(populum Romanum) saepenumero parva manu cum magnis legionibus contendisse>; cognoveram <parvis copiis bella gesta (esse) cum opulentis regibus>, <ad hoc saepe fortunae violentiam tolerasse>, <facundia Graecos, gloria belli Gallos ante Romanos fuisse>.

2. Vor dem Kampf gegen Cäsar rechnen sich die Veneter ihre Vorteile gegen die Römer aus

<Pedestria esse itinera concisa aestuariis>, <navigationem impeditam propter inscientiam locorum paucitatemque portuum> sciebant; neque <nostros exercitus propter frumenti inopiam diutius apud se morari posse> confidebant; ac iam ut omnia contra opinionem acciderent, <tamen se plurimum navibus posse>, <Romanos neque ullam facultatem habere navium neque eorum locorum, ubi bellum gesturi essent, vada portus insulas novisse>; ac <longe aliam esse navigationem in concluso mari atque in apertissimo Oceano> perspiciebant.

b) Übersetzung:

1. Ich wusste, dass das römische Volk häufig mit einer kleinen Schar gegen große Truppen gekämpft hatte; ich erkannte, dass mit geringen Kräften gegen mächtige Könige Kriege geführt worden waren, dazu, dass es häufig die Wildheit des Schicksals ertragen hatte; dass an Beredsamkeit die Griechen, an Kriegsruhm die Gallier die Römer übertroffen hatten.

2. Sie wussten, dass die Landwege durch das Watt unterbrochen waren, dass die Schifffahrt wegen der Unbekanntheit der Gegend und des Mangels an Häfen behindert war. Sie vertrauten darauf, dass auch unsere Heere wegen des Mangels an Getreide bei ihnen nicht längere Zeit verweilen könnten. Und gesetzt den Fall, dass alles wider Erwarten ausgehe, vertrauten sie darauf, dass sie dennoch auf ihren Schiffen am stärksten seien, die Römer weder eine ausreichende Menge an Schiffen hätten noch die Untiefen, Häfen und Inseln der Orte kannten, wo sie Krieg führen wollten. Und sie wussten genau, dass die Schifffahrt im Binnenmeer eine ganz andere ist als im offenen Meer.

Übung C 11
S. 47

Cäsars Rheinübergang

Partizip	Grammatische Bezeichnung	Zeitverhältnis
effecto	Partizip Perfekt Passiv = PPP	vorzeitig
relicto	PPP	vorzeitig
petentibus	Partizip Präsens Aktiv = PPA	gleichzeitig
comparata	PPP	vorzeitig
hortantibus	PPA	gleichzeitig

Die Formen *coepta erat* und *coeptus est* setzen sich aus einem PPP und dem Hilfsverb *esse* zusammen und bilden auf diese Weise das Prädikat; es handelt sich bei ihnen folglich nicht um Partizipialkonstruktionen.

Übersetzung:
Als der ganze Bau in nur 10 Tagen, in denen man das Material heranzuschaffen begonnen hatte, fertig gestellt war, wurde das Heer hinübergeführt. Cäsar eilte in das Gebiet der Sugambrer, nachdem an beiden Seiten der Brücke eine starke Schutztruppe zurückgelassen worden war. Inzwischen kamen von mehreren Stämmen Gesandte zu ihm. Er antwortete diesen, die um Frieden und Freundschaft baten, gütig und ließ Geiseln zu sich führen. Aber die Sugambrer hatten von der Zeit an, als der Brückenbau begonnen wurde, ihr Gebiet verlassen, nachdem sie die Flucht vorbereitet hatten auf den Rat derer, die sie von den Tencterern und Usipeten bei sich hatten, hatten all ihr Hab und Gut mitgenommen und sich in der Einöde und den Wäldern versteckt.

Der Satzkern (Subjekt und Prädikat), besteht aus *cives* und *reppulerunt*. Das Verb heißt auf Deutsch abwehren. Es ist ein zweiwertiges Verb und erfordert daher ein Objekt in folgendem Kasus: Akkusativ. Die Prädikatsgruppe, d. h. die enge Verbindung von Prädikat und Objekt, lautet deshalb *impetum reppulerunt*.

Übung C 12
S. 48

a) Deshalb litten sie, die die Stadt tapfer verteidigten, an Hunger.
b) Während sie die Stadt tapfer verteidigten, litten sie an Hunger.

Übung C 13
S. 50

a)
1. Der Kampf in Britannien beginnt
At |barbari reliquis copiis subsecuti| nostros navibus egredi prohibebant.

2. Cicero droht Catilina
|Catilinam orbem terrae caede atque incendiis vastare cupientem| nos consules perferemus?

Übung C 14
S. 51

b) Übersetzung:
1. Aber die Barbaren, welche den übrigen Truppen gefolgt waren, versuchten unsere Leute daran zu hindern, die Schiffe zu verlassen.
2. Wollen wir Konsuln einen Catilina durchgehen lassen, der den Erdkreis mit Mord und Brand zu verheeren trachtet?

a) **Die Römer schlagen die Remer zurück ...**
|Hostes impeditos nostri in flumine aggressi| magnum eorum numerum occiderunt: |per eorum corpora reliquos audacissime transire conantes| multitudine telorum reppulerunt |primosque, qui transierant, equitatu circumventos| interfecerunt.

Übung C 15
S. 52

b) Übersetzung:
Unsere Leute, die die im Fluss behinderten Feinde angegriffen hatten, töteten eine große Zahl von ihnen: Die Übrigen, die über deren Leichen tollkühn hinüberzugehen versuchten, schlugen sie mit einem Hagel von Geschossen zurück und töteten die Ersten, die hinübergekommen waren, nachdem sie sie mit ihrer Reiterei umzingelt hatten.

1. Die Briten erschrecken über die merkwürdigen Invasoren auf ihrer Insel
Nam |et navium figura et remorum motu et inusitato genere tormentorum permoti barbari| constiterunt.

Übung C 16
S. 53

Normalstellung:
Nam barbari et navium figura et remorum motu et inusitato genere tormentorum permoti constiterunt.

Übersetzung:
Denn die Barbaren blieben stehen, erschreckt von dem Aussehen der Schiffe, dem Ruderschlag und der ungewohnten Art der Geschosse.

2. Die Briten wählen nach dem Auftauchen der Römer Cassivelaunus zu ihrem Führer
Sed |nostro adventu permoti Britanni| hunc toti bello imperioque praefecerant.

Normalstellung:
Sed Britanni nostro adventu permoti hunc toti bello imperioque praefecerant.

Übersetzung:
Aber von unserer Ankunft überrascht, hatten die Briten diesen an die Spitze von Krieg und Oberbefehl gestellt.

3. Schwierigkeiten bei der Landung Cäsars in Britannien

|Hunc ad egrediendum nequaquam idoneum locum arbitratus|, dum reliquae naves eo convenirent, ad horam nonam in ancoris exspectavit.
(Hier fehlt nur das Beziehungswort *Cäsar*, ansonsten **Normalstellung**.)

Übersetzung:
Da er diese Stelle zum Landen für keineswegs geeignet hielt, wartete er bis zur 9. Stunde vor Anker, bis die übrigen Schiffe einträfen.

4. |Quibus rebus nostri perterriti atque huius omnino generis pugnae imperiti| non eadem alacritate et studio, quo in pedestribus uti proeliis consueverant, utebantur.

Normalstellung (hier unmöglich):
Nostri quibus rebus perterriti atque ...
(Diese Umstellung ist unmöglich, weil der relative Satzanschluss nur am Anfang eines Satzes funktioniert.)

Übersetzung:
Unsere Leute, erschreckt durch diese Dinge und überhaupt mit dieser Kampfesart nicht vertraut, zeigten nicht die gleiche Begeisterung und Freude, welche sie in Fußkämpfen zu zeigen gewohnt waren.

5. Kaiser Claudius über den Beitrag der Nichtrömer zur Größe Roms

|Iam moribus artibus adfinitatibus nostris mixti| aurum et opes suas inferant potius quam separati habeant.
(Hier fehlt das Beziehungswort *ii* oder *qui*, ansonsten **Normalstellung**.)

Übersetzung:
Jetzt durch Sitte, Kunst und Verwandtschaftsbande mit uns verbunden, sollten sie ihr Gold und ihre Schätze eher (zu uns) bringen als sie für sich allein zu behalten.

Übung C 17
S. 55

1. Cicero hält Catilina vor, wie man früher mit Staatsfeinden verfahren ist

a) An vero amplissimus P. Scipio, pontifex maximus, |Ti. Gracchum mediocriter labefactantem statum rei publicae| privatus interfecit?

Klammerstellung:
... Ti. Gracchum mediocriter statum rei publicae labefactantem privatus interfecit.

b) Übersetzung:
Hat aber nicht der hoch angesehene Oberpriester Publius Scipio als Privatmann den Tiberius Gracchus getötet, der den Bestand des Staates nur unerheblich erschütterte?

2. Cäsar bricht nach Britannien auf

a) His constitutis rebus |nactus idoneam ad navigandum tempestatem| tertia fere vigilia naves solvit equitesque in ulteriorem portum progredi et naves conscendere et se sequi iussit.

Klammerstellung:
His rebus constitutis idoneam ad navigandum tempestatem nactus ... (Beziehungswort *Cäsar* fehlt.)

b) Übersetzung:
Nachdem diese Maßnahmen getroffen worden waren, ließ Cäsar, der einen geeigneten Wind zur Ausfahrt bekommen hatte, die Anker lösen und befahl den Reitern, den oberen Hafen aufzusuchen, die Schiffe zu besteigen und ihm zu folgen.

3. Nach einigem Zögern gehen die römischen Soldaten in Britannien an Land
a) Tum nostri cohortati inter se, ne tantum dedecus admitteretur, universi ex navi desiluerunt.

Klammerstellung:
Tum nostri, ne tantum dedecus admitteretur, inter se cohortati ...
(Diese Umstellung ist sehr problematisch, weil der *ne*-Satz seine enge Verbindung zu *cohortati* aufgegeben hat und deshalb in der Luft hängt.)

b) Übersetzung:
Da sprangen unsere Leute, die sich gegenseitig ermahnt hatten, eine so große Schmach nicht zuzulassen, sämtlich über Bord.

---

1. Cicero stellt die bange Frage, welche angemessene Laufbahn für den hoch begabten Brutus ... noch möglich ist

Übung C 18
S. 56

a)
Nam mihi, Brute, in te intuenti crebro in mentem venit vereri, ecquoddam curriculum aliquando sit habitura tua et natura admirabilis et exquisita doctrina et singularis industria.

b) + c):
mihi, Brute, in te intuenti = **Dativobjekt** zu *venit* **(Klammerstellung)**

2. Cicero über die politischen Bedingungen ...
a)
Nec enim in (sc. hominibus) constituentibus rem publicam nec in bella gerentibus nec in impeditis ac regum dominatione devictis nasci cupiditas dicendi solet: pacis est comes otiique socia et iam bene constitutae civitatis quasi alumna eloquentia.

b) + c):
- nec ... in constituentibus rem publicam = **Ablativ**
  (Nachklappen eines Satzteils)
- nec in ... gerentibus = **Ablativ**
  (Klammerstellung)
- nec in ... devictis = **Ablativ**
  (Klammerstellung)
- iam bene constitutae civitatis = **Genitiv zu** *alumna*
  (Voranstellung von *iam bene***)**

3. Kaiser Claudius nennt die Vorteile, die die Verleihung des Bürgerrechts an die Provinzialen gebracht hat
a)
Tunc solida domi quies; et adversus externa floruimus, cum Transpadani in civitatem recepti, cum specie deductarum per orbem terrae legionum additis provincialium validissimis fesso imperio subventum est.

b) + c)
- Transpadani in civitatem recepti = **Nominativ**
  (Hier wäre *sunt* zu ergänzen; es handelt sich hier also nicht um eine Partizipialkonstruktion, sondern um ein verkürztes Verb im Passiv.)
- deductarum per orbem terrae legionum = **Genitiv zu** *specie*
  (Klammerstellung)
- additis provincialium validissimis = **Ablativ (Abl. abs.)**
  (Klammerstellung)

Lösungen 153

Übersetzung:

1. Denn mir, Brutus, wenn ich auf dich schaue, kommt oft voller Angst in den Sinn, welche Laufbahn deine sowohl bewundernswerte Natur als auch ausgesuchte Gelehrsamkeit und einzigartiger Fleiß einschlagen wird.

2. Weder bei Menschen, die den Staat leiten, noch Kriege führen, noch behindert und besiegt sind von Königsherrschaften, pflegt sich Redelust einzustellen: Die Beredsamkeit ist Begleiterin im Frieden, Bundesgenossin in der Muße und sozusagen Ernährerin eines wohlgestalteten Staates.

3. Damals hatten wir dauernde Ruhe im Innern und höchste Macht dem Ausland gegenüber, als die Transpadaner in die Bürgergemeinschaft aufgenommen wurden, als man dadurch, dass die Legionen scheinbar auf dem ganzen Erdkreis angesiedelt und die stärksten Leute aus den Provinzen eingereiht worden waren, dem erschöpften Reich zu Hilfe kam.

Übung C 19
S. 57

Weil die Bürger diese Stadt tapfer verteidigten, zogen sich die Feinde zurück.

Übung C 20
S. 58

a) + b)

hac oratione habita = als diese Rede gehalten worden war, ...

cognito Caesaris adventu = nachdem man von der Ankunft Cäsars erfahren hatte, ...

hoc proelio trans Rhenum nuntiato = sobald diese Schlacht über den Rhein bekannt geworden war, ...

ea re constituta = als diese Sache beschlossen worden war, ...

Übung C 21
S. 59

a) Funktion des AmP:

1. Die Reaktion der Mitverschworenen auf Catilinas Vorschlag, Cicero aus dem Weg zu räumen
[perterritis ac dubitantibus ceteris] = Erweiterte Überleitung

2. Tacitus begründet, warum er die Germanen für die Ureinwohner ihres Landes hält
[Asia aut Africa aut Italia relicta] = Adverbiale

3. Ohne den Feldherrn Fabius Valens werden die Truppen des Vitellius im Jahre 68 n. Chr. leicht eine Beute des Feindes
[Disgresso Valente] = Überleitung
[admoto exercitu] = Adverbiale
[missis per proxima ... navibus] = Adverbiale

4. Die Gefangennahme des Valens bedeutet den Anfang vom Ende für Vitellius
[Capto Valente] = Überleitung
[initio ... orto] = Adverbiale

b) Übersetzung:

1. Als die anderen sehr erschreckt waren und zögerten, beschlossen der römische Ritter Gaius Cornelius, der seine Hilfe versprochen hatte, und mit ihm der Senator Lucius Vargunteius, in dieser Nacht wenig später mit Bewaffneten, wie um zu grüßen, bei Cicero einzutreten und den Ahnungslosen unversehens im eigenen Haus zu durchbohren.

2. Wer ferner, abgesehen von der Gefahr des schrecklichen und unbekannten Meeres, Asien oder Afrika oder Italien hinter sich lassend, wollte Germanien aufsuchen, landschaftlich ohne Reiz, vom Wetter her rauh, trostlos für den Bebauer wie für den Beschauer, außer wenn es sein Vaterland wäre?

3. Die über den Abzug von Valens erschrockenen Leute, die die Stadt Ariminum hielten, umzingelte Cornelius Fuscus zu Wasser und zu Lande, nachdem das Heer herangekommen war und die Liburnerschiffe entlang der nächstgelegenen Küstenstriche eingetroffen waren.

4. Nach der Gefangennahme von Valens wandte sich alles der Macht des Siegers zu, nachdem in Spanien von der 1. Legion *Adiutrix* der Anfang gemacht worden war, die, aufgrund ihrer Erinnerung an Otho dem Vitellius feindlich gesinnt, auch die 10. und 6. Legion mitzog.

Übung C 22
S. 60

1. ceteris perterritis ac dubitantibus
2. Asia aut Africa aut Italia relicta
3. Valente disgresso;
   exercitu admoto;
   Liburnicis navibus per proxima litorum missis
4. Valente capto;
   initio per Hispaniam a prima Adiutrice legione orto

Übung C 23
S. 61

a)–c): Markiert und herausgelöst sollten sein:

Satz	Partizip	Bezugswort	Stellung des AmP
1	effecto	opere	Anfangsstellung
2	permissa	summa	Endstellung
3	delegata	cura	Endstellung

d) Übersetzung:

1. Als der ganze Bau in nur 10 Tagen, in denen man begonnen hatte, das Material heranzuschaffen, fertig gestellt war, wurde das Heer hinübergeführt.

2. Als Cäsar dort eingetroffen war, waren bereits von allen Seiten an diesem Ort größere Truppenmassen der Britannier angekommen, nachdem auf gemeinsamen Beschluss dem Cassivellaunus der Oberbefehl überlassen worden war, dessen Gebiet, 80 Meilen vom Meer entfernt, der Fluss, der Themse genannt wird, von den Seestaaten trennt.

3. Wenn sie nicht Kriege führen, verbringen sie viel Zeit beim Jagen, noch mehr mit Nichtstun, dem Schlafen und Essen ergeben, indem gerade die Tapfersten und Kriegerischsten nichts tun, weil die Sorge für Haus, Herd und Felder den Frauen, alten Leuten und allen Schwachen im Hauswesen überlassen ist.

Der Adlerträger der 10. Legion spricht während der Landung ... ein Stoßgebet

Übung C 24
S. 63

1. Das Prädikat *obtestatus est* (dt.: er hat beschworen) ist zweiwertig und hat deshalb folgendes Objekt: *deos*.
Das Subjekt lautet: *(is) qui decimae legionis aquilam ferebat*.
Das Partizip *cunctantibus* (von *cunctari* = zögern) ist einwertig und hat kein Objekt.
Die Überleitung ist at.
Die Adverbiale lautet: *maxime propter altitudinem maris*.

2. Übersetzungsmöglichkeiten:

a) Aber während unsere Soldaten <u>besonders wegen der Tiefe des Meeres</u> zögerten, beschwor derjenige, der den Adler der 10. Legion trug, die Götter, dass die Sache für die Legion glücklich ausgehe.
(Nachklappen eines Satzteils aus dem AmP)

b) Aber während unsere Soldaten zögerten, <u>beschwor</u> der Adlerträger der 10. Legion <u>besonders wegen der Tiefe des Meeres</u> die Götter, dass ...
(Adverbiale gehört hier zu *obtestatus est*)

Übung C 25
S. 64

a) **Partizipien** (unterstrichen):
1. dimissis | nactus | dato | sublatis | progressus
2. audito | abiectis | relictis | desperata | interfecto | oppressi
3. moratus | incensis | succisis | pollicitus
4. regnante | capto | collatis
5. passis | scissa | victo | volantia

b) (ohne Lösung)

c) **Eindrücke:**
1. Cäsar bricht nach Britannien auf
Korrektheit

2. Die Germanen, die nach Gallien eingedrungen waren, werden ... von den Römern überrannt
Verwirrung

3. Cäsars kurzer Aufenthalt in Germanien
Effizienz

4. Nach dem Raub der Sabinerinnen wird der Kampf auf seinem Höhepunkt von den Frauen beendet
Zuspitzung des Geschehens

5. Panik, Angst

d) **Übersetzung:**
1. Nachdem diese Gesandten weggeschickt worden waren, ließ er (Cäsar), der gleichzeitig günstigen Wind und günstige Flut bekommen hatte, die Schiffe vor einem übersichtlichen und flachen Strand Halt machen, als er nach dem Aufbruchsignal und dem Lichten der Anker ungefähr 7 Meilen von diesem Ort vorgerückt war.

2. Als die Germanen das Geschrei hinter ihrem Rücken hörten und sahen, dass ihre Leute niedergemacht wurden, stürzten sie sich aus dem Lager, nachdem Waffen abgeworfen und militärische Zeichen zurückgelassen worden waren. Als sie am Zusammenfluss von Maas und Rhein angekommen waren, stürzten sich die Übrigen in den Fluss, nachdem sie die Hoffnung auf weitere Flucht aufgegeben hatten und eine große Anzahl getötet war, und ertranken dort, von Schrecken, Erschöpfung und der Gewalt des Flusses überwältigt.

3. Nachdem Cäsar sich wenige Tage in deren Gebiet aufgehalten hatte und nachdem Dörfer und Häuser angezündet waren und das Getreide abgeschnitten worden war, zog er sich in das Gebiet der Ubier zurück und, als er ihnen seine Hilfe versprochen hatte, wenn sie von den Sweben bedrängt würden, erfuhr er von diesen Folgendes ...

4. Schon im Anfang unter der Regierung des Romulus, als das Kapitol von den Sabinern eingenommen war und mitten auf dem Forum in einer regelrechten Schlacht gekämpft wurde, ist da nicht durch das Dazwischentreten der Mütter zwischen die beiden Schlachtreihen ein Kampf geschlichtet worden?

5. Damals wagten die sabinischen Frauen, deren Raub Anlass für den Krieg war, mit aufgelösten Haaren und zerrissenen Kleidern, nachdem die natürliche Angst der Frauen durch das schreckliche Geschehen verdrängt worden war, sich zwischen die fliegenden Geschosse zu werfen.

Übung C 26 S. 66

a) + b):
1. Nach Ciceros Rede gegen Catilina kann Cäsar wieder einen Teil der Senatoren umstimmen
Postquam Caesar <u>dicendi</u> finem fecit, ceteri verbo alius alii varie adsentiebantur. = **Substantiv**

2. Der rasche Machtzuwachs Roms liegt nach Sallusts Meinung vor allem an der Hilfsbereitschaft der Römer...
Post, ubi pericula virtute propulerant, sociis atque amicis auxilia portabant, magisque <u>dandis</u> quam <u>accipiundis</u> beneficiis amicitias parabant. = **Adjektiv**

3. Cicero tritt der traditionellen Auffassung der Römer (und der Antike) entgegen, dass nur Kriegstaten Ruhm bringen
Sed cum plerique arbitrentur res bellicas maiores esse quam urbanas, <u>minuenda est</u> haec opinio. = **Prädikat**

4. Die drei Zielsetzungen der Rede
Tria sunt enim, ut quidem ego sentio, quae <u>sint efficienda dicendo</u>; ut doceatur is, apud quem dicetur, ut delectetur, ut moveatur vehementius.
efficienda sint = **Prädikat**, dicendo = **Substantiv**

Übersetzung:
1. Nachdem Cäsar mit dem Reden aufgehört hatte, stimmten die Übrigen mit einem kurzen Wort, der eine diesem, der andere jenem, in verschiedener Weise bei.

2. Als sie die Gefahren durch ihre Mannhaftigkeit abgeschlagen hatten, brachten sie dann Bundesgenossen und Freunden ihre Hilfe, sie schufen sich mehr Freundschaften durch Erweisen als durch Empfangen von Diensten.

3. Aber wenn die meisten glauben, dass die Taten des Krieges größer sind als die Taten im Frieden, dann muss man diese Meinung schmälern.

4. Drei Dinge nämlich sind es, wie mir freilich scheint, die beim Reden erreicht werden müssen: dass derjenige belehrt wird, bei dem man spricht, dass erfreut wird, dass eine heftigere Emotion erregt wird.

Übung C 27 S. 68

a) + b)
1. Nach Ciceros Meinung müssen sich alle, die dazu in der Lage sind, dem Staat zur Verfügung stellen
Sed <u>iis</u> ... abiecta omni cunctatione <u>adipiscendi magistratus sunt</u> et <u>gerenda res publica est</u>; ...
= **Dativus auctoris** (Dativ der auslösenden Person)

c) Übersetzung:
I.) Aber von diesen müssen ohne Zögern die Ämter erstrebt werden und der Staat geführt werden.
II.) Aber diese müssen ohne jegliches Bedenken Ämter zu erreichen suchen und den Staat lenken.

a) + b)
2. Cicero dankt den Göttern dafür, dass die Anschläge Catilinas schon mehrmals vereitelt werden konnten
Magna <u>dis immortalibus</u> <u>habenda est</u> atque <u>huic ipsi Iovi Statori</u>, antiquissimo custodi urbis, <u>gratia</u>… Non <u>est</u> saepius in uno homine <u>summa salus periclitanda</u> rei publicae.
= **Dativobjekt**

c) Übersetzung:
I.) Großer Dank muss den unsterblichen Göttern und besonders diesem Jupiter Stator, dem uralten Beschützer unserer Stadt, abgestattet werden… Nicht öfter darf von einem einzigen Menschen das gesamte Wohl des Staates gefährdet werden.
II.) Den unsterblichen Göttern … sind wir zu großem Dank verpflichtet … Nicht öfter darf ein einziger Mensch die gesamte Existenz des Staates aufs Spiel setzen.

a) + b)
3. Cicero gibt Ratschläge für eine moralisch einwandfreie Lebensführung …
Nec vero <u>imperia expetenda</u> (sc. sunt) ac potius aut <u>non accipienda</u> interdum aut <u>deponenda</u> non numquam.
= **kein Dativ** vorhanden

c) Übersetzung:
I.) Auch sind Kommandostellen nicht zu erstreben und lieber bisweilen nicht anzunehmen oder manchmal niederzulegen.
II.) Auch darf man Kommandostellen nicht erstreben und sie lieber bisweilen nicht annehmen oder muss sie manchmal niederlegen.

Übung C 28
S. 70

1. Aus der Tyrannis der letzten Etruskerkönige geht der römische Staat mit einer neuen Verfassung hervor
a) Post, ubi regium imperium, quod initio <u>conservandae libertatis</u> atque <u>augendae rei publicae</u> fuerat, in superbiam dominationemque se convortit, inmutato more annua imperia binosque imperatores sibi fecere (= fecerunt sc. Romani).

b) Übersetzung:
I.) zur Bewahrung der Freiheit und Mehrung des Staates
II.) um die Freiheit zu bewahren und den Staat zu mehren

2. Triumphierend hält Cicero Catilina vor, dass er seine Pläne im Voraus aufgedeckt hat
a) Dixi ego idem in senatu caedem te optimatium contulisse in a. d. V. Kal. Nov., tum cum multi principes civitatis Roma non tam <u>sui conservandi</u> quam <u>tuorum consiliorum reprimendorum</u> causa profugerunt.

b) Übersetzung:
I.) nicht so sehr zur eigenen Rettung als zur Vereitelung deiner Pläne:

II.) um sich in gleicher Weise zu retten und deine Pläne zu vereiteln.

3. Der Antrag auf Abschaffung der Lex Oppia und die Reaktion darauf
a) M. Fundanius et L. Valerius tribuni plebis ad plebem tulerunt de Oppia lege abroganda, ... ad suadendum dissuadendumque multi nobiles prodibant.

b) Übersetzung:
I.) zur Aufhebung des Oppischen Gesetzes ... in Rede und Gegenrede;

II.) um das Oppische Gesetz aufzuheben ... um zu raten und abzuraten.

4. Für Livius beginnt mit der Bewunderung für die griechische Kultur auch der Niedergang ...
a) Ceterum inde primum initium mirandi Graecarum artium opera licentiaeque sacra fanaque omnia vulgo spoliandi factum est ...

b) Übersetzung:
I.) der Anfang der Bewunderung griechischer Kunstwerke ... und der Willkür der Plünderung alles Heiligen und Unheiligen ohne Unterschied

II.) der Anfang, griechische Kunstwerke zu bewundern ... und der Willkür, alles Heilige und Unheilige ohne Unterschied zu plündern

5. Cicero über die ... Macht des Redners
a) Quis enim nescit maximam vim exsistere oratoris in hominum mentibus vel ad iram aut ad odium aut ad dolorem incitandis vel ab hisce eisdem permotionibus ad lenitatem misericordiamque revocandis?

b) Übersetzung:
I.) (nominale Wendung im Deutschen kaum möglich)
II.) ... um die Herzen der Menschen sowohl zu Zorn, Hass oder Schmerz anzutreiben wie sie auch von eben diesen Regungen zu Milde und Mitleid zurückzurufen.

Übersetzung:
1. Nachdem die Königsherrschaft, die anfangs dazu gedient hatte, die Freiheit zu erhalten und den Staat zu mehren, in Überheblichkeit und Gewaltherrschaft umschlug, schufen sich die Römer nach verändertem Modus eine jährlich wechselnde Regierung und zwei Herrscher.

2. Dasselbe sagte ich im Senat, dass du den Mord an den Optimaten auf den 28. Oktober anberaumt hast, damals, als viele führende Bürger aus Rom geflohen waren, nicht so sehr um sich zu retten, als um deine Pläne zu vereiteln.

3. Marcus Fundanius und Lucius Valerius stellten als Volkstribunen den Antrag zur Abschaffung des Oppischen Gesetzes ... viele Adlige traten vor, um zu raten und abzuraten.

4. Im Übrigen wurde hier der Anfang gemacht, für griechische Kunstwerke zu schwärmen und auch der Anfang für die Willkür, alles Heilige und Unheilige ohne Unterschied zu plündern.

5. Wer wüsste denn nicht, dass die ungeheure Macht des Redners darin liegt, dass er die Herzen der Menschen sowohl zu Zorn, Hass oder Schmerz antreiben wie auch sie von eben diesen Regungen zu Milde und Mitleid umstimmen könne.

Lösungen Teil D

Übung D 1
S. 74

Art des Nebensatzes	Konjunktion	deutsch	Modus
temporal	postquam	nachdem	Indikativ
	cum (ut, ubi) primum, simulatque, simulac	sobald	Indikativ
	priusquam, antequam	eher als, bevor	Indikativ
	dum	während	Indikativ
	dum, donec, quoad	solange als, solange bis	Indikativ
	dum, donec, quoad, dummodo	solange, wenn nur	Konjunktiv
	cum	wenn, als	Indikativ/ Konjunktiv
final	ut (ne), quo (quominus)	damit (damit nicht); damit desto (dass nicht)	Konjunktiv
konsekutiv	ut	(so)dass	Konjunktiv
kausal	quod, quia, quoniam	da, weil	Indikativ
	cum	da	Konjunktiv
konditional	si, nisi	wenn, wenn nicht	Indikativ oder Konjunktiv
	quodsi	wenn aber	Konjunktiv/ Indikativ
konzessiv	quamquam	obwohl	Indikativ
	etsi, etiamsi, tametsi, quamvis	wenn auch	Indikativ/ Konjunktiv
	cum	obwohl	Konjunktiv
	ut, licet	wenn auch, mag auch	Konjunktiv
adversativ	cum	wohingegen, während	Konjunktiv
modal	cum	indem; dadurch, dass	Indikativ
faktisch	quod	dass; der Umstand, dass; wenn	Indikativ
komparativ	ut, quam, quasi, tamquam	wie, als, als ob	Indikativ/ Konjunktiv

1. und 2.:
Unterstrichen und in der Tabelle aufgeführt müssen sein:

Übung D 2
S. 76

Pronomen	Art des Satzes	Prädikat
quae quantae quando	Indirekter Fragesatz	futurae sint
quae	relativer Satzanschluss	intuens (accedit)
e qua cui e quibus quae	Relativ(satz)	oritur coniuncta est exsistit pertinet
quibus	relativer Satzanschluss	docuisse videor
quanto	Indirekter Fragesatz	anteiret
ex quo	relativer Satzanschluss	intelligi debet …

Übersetzung:
Vom Menschengeschlecht ist der Tag, der Monat, das Jahr festgelegt worden, Finsternisse der Sonne und des Mondes sind durchschaut und vorausgesagt worden in alle Zukunft, welche, wie viele, wann sie sein werden. Diese betrachtend gelangt die Seele zur Erkenntnis der Götter, woraus die Frömmigkeit entsteht, mit welcher die Gerechtigkeit verbunden ist und die übrigen Tugenden, aus welchen das glückselige Leben hervorgeht, vollkommen gleich den Göttern, in keiner anderen Sache außer in der Unsterblichkeit, welche nichts zum Gut-Leben beiträgt, den Himmlischen nachstehend.

Nach diesen Ausführungen scheine ich hinreichend dargelegt zu haben, wie die menschliche Natur alle Lebewesen überragt. Daraus muss ersichtlich werden, dass weder der Körperbau und die Anordnung der Glieder noch eine solche Kraft des Geistes und des Verstandes durch reinen Zufall bewirkt werden kann.

a)
Satz 1: Ein Richter muss gut vorbereitet sein

Übung D 3
S. 80

```
        ┌─ etsi consilia
        └─ capienda sunt
  ┌─ generalia tamen quaedam
  └─ praemonita et praecepta sunt
        ┌─ quibus … iudex
        └─ praemuniri praepararique debeat
```

Satz 2: Unrecht tun ist ein Verbrechen an sich selbst

- qui
  - non obsistit
- tam
- est in vitio
  - quamsi
    - deserat

Satz 3: Monarchie ist als Staatsform nicht erstrebenswert

- itaque si Cyrus
  - iustissimus fuit sapientissimusque rex
- tamen … res
- expetenda esse videtur
  - cum
    - regeretur

Satz 4: Der Beweis der Göttlichkeit der Seele

- cum (animus)
  - tetigit
- crescit ac redit
- liberatus
- et hoc
- habet argumentum
  - quod divina
    - delectant

Satz 5: Vom Dorf zur Stadt

- cum autem
  - viderent esse tutandam
- oppida etiam
- coepisse munire
  - ut
    - tutam facerent
  - vel ut
    - arcerent

Satz 6: Die Mühe des Philosophierens lohnt sich

```
        ┌─ quamquam libri nostri
        └─ excitaverunt
┌─ tamen
└─ vereor
        ┌─ ne nomen
        └─ sit invisum mirenturque
```

Satz 7: Philosophie als Fortsetzung des politischen Lebens

```
        ┌─ autem cum animus
        └─ nihil agere non posset
┌─ existimavi
└─ posse deponi
        ┌─ si
        └─ rettulissem
```

b) Übersetzungen:

1. Denn auch wenn die Richter Urteile fällen müssen aufgrund des Standes der gegenwärtigen Prozesse, gibt es dennoch einige allgemeine Warnungen und Vorschriften, mit welchen der Richter vor dem Prozess geschützt und vorbereitet werden müsste in Hinsicht auf die ungewissen Fälle zukünftiger Schwierigkeiten.

2. Wer dem Unrecht nicht widersteht, steht ebenso in Schuld, wie wenn er Eltern, Freunde und Vaterland verließe.

3. Wenn deshalb jener bekannte Perser Kyros der gerechteste und weiseste König war, so scheint mir doch diese „Organisationsform" *(res)* des Volkes durchaus nicht erstrebenswert, da sie durch Wink und Willen eines einzigen gelenkt wurde.

4. Wenn er *(animus)* jene (die Weite der Natur) erreicht hat, wächst er und kehrt zu seinem Ursprung zurück wie von Fesseln befreit und er hat dies als Beweis seiner Göttlichkeit, dass jenen die göttlichen Dinge erfreuen.

5. Sobald sie sahen, dass die große Masse der Menschen selbst gegen die wilden Tiere geschützt werden musste, fingen sie an, Städte mit Mauern zu versehen, damit sie sich entweder eine sichere Ruhe der Nacht verschafften, oder um die Streifzüge und Angriffe der Tiere nicht durch Kämpfen, sondern durch aufgeworfene Wälle abzuwehren.

6. Obwohl nämlich unsere Bücher einige (Menschen) nicht nur zur Freude am Lesen angeregt haben, sondern auch zur Freude am Schreiben, fürchte ich manchmal dennoch, dass einigen guten Leuten der Name „Philosophie" verhasst ist und sie sich wundern, dass ich auf sie so viel Zeit und Mühe aufwende.

7. Weil aber mein Geist von Anfang meines Lebens an mit diesen Studien befasst nicht untätig bleiben konnte, glaubte ich, am ehrenhaftesten Beschwernisse ablegen zu können, wenn ich mich der Philosophie zuwandte.

Übung D 4 a) + b)
S. 84 Satz 1: Der Mensch hat das Denkvermögen von Gott

```
┌─ est igitur
│       ┌─ quoniam              ⎫
│       └─ nihil est melius … eaque est  ⎬ Kausalsatz
│                               ⎭
└─ prima societas
```

Satz 2: Demokratie ist die beste Staatsform

```
┌─ itaque
│       ┌─ nisi … populi potestas   ⎫
│       └─ summa est                ⎬ Konditionalsatz
│                                   ⎭
└─ libertas habet
```

Satz 3: Die Untreue der Rhodier

```
┌─ bello Macedonio
│       ┌─ quod      ⎫
│       └─ gessimus  ⎬ Relativsatz
├─ civitas magna et magnifica
│       ┌─ quae      ⎫
│       └─ creverat  ⎬ Relativsatz
└─ infida et adversa … fuit
```

Satz 4: Augustus verdient ein Denkmal

```
┌─ rerum gestarum
│       ┌─ quibus    ⎫
│       └─ subiecit  ⎬ Relativsatz
├─ impensarum
│       ┌─ quas      ⎫
│       └─ fecit     ⎬ Relativsatz
├─ incisarum
│       ┌─ quae         ⎫
│       └─ sunt positae ⎬ Relativsatz
└─ exemplar subiectum
```

Satz 5: Ein Freund der Römer hat Besseres zu erwarten

```
┌─ rex Antiochus
│      ┌─ qui                              ⎫
│      └─ ante oculos omnium fuisset       ⎬  Relativsatz
│                                          ⎭
└─ is ... expulsus est
```

Satz 6: Hannibal versucht Rom zu erobern

```
┌─ ipse
│      ┌─ ut                ⎫
│      └─ exploraret        ⎬  Finalsatz
│                           ⎭
└─ obequitavit
```

Satz 7: Gerechtigkeit macht eine Staatsform beständig

```
┌─ Nam vel rex aequus ac sapiens vel delecti ac principes cives vel ipse populus
│      ┌─ quamquam id              ⎫
│      └─ est ... probandum        ⎬  Konzessivsatz
│                                  ⎭
└─ posse videtur
```

c) Übersetzung:

1. Es besteht also zunächst einmal zwischen Gott und Mensch die Gemeinschaft des Denkens, da es doch nichts Höheres gibt als die Denkkraft und diese sowohl beim Menschen und bei Gott vorhanden ist.

2. Daher hat in keinem anderen Staat die Freiheit irgendeine Wohnstatt als in dem, in welchem die oberste Gewalt beim Volk ist.

3. Im Makedonischen Krieg, welchen wir mit dem König Perses geführt haben, war die große und großartige Stadt der Rhoder, welche erst durch die Hilfe des römischen Volkes angewachsen war, uns gegenüber treulos und feindlich.

4. Zugrunde gelegt wurde eine Abschrift „der Taten des göttlichen Augustus", mit denen er den Erdkreis der Herrschaft des Römischen Volkes unterwarf, und der Kosten, die er für den Staat und das römische Volk aufwendete, die eingemeißelt waren auf zwei ehernen Pfeilern, die in Rom aufgestellt sind.

5. Der König Antiochus, der fast zwei Jahre in Rom vor aller Augen sich aufgehalten hatte, ausgestattet mit königlicher Begleitung und Schmuck, Freund und Bundesgenosse des römischen Volkes, (abstammend) von einem sehr befreundeten Vater, Großvater und Vorfahren, sehr altehrwürdigen und berühmten Königen, aus einem sehr reichen und sehr großen Königreich, ist dennoch Hals über Kopf aus der Provinz des römischen Volkes vertrieben worden.

6. Hannibal selbst ritt mit 2000 Reitern unmittelbar an das Capenertor heran, um die Lage der Stadt zu erkunden.

7. Denn ein gerechter und weiser König oder ausgewählte führende Bürger oder das Volk selbst, obwohl das mit dem Volk am wenigsten zu beweisen ist, kann offenbar von einigermaßen Bestand sein, wenn Ungerechtigkeiten und Leidenschaften sich nicht dazwischendrängen.

Übung D 5 S. 87

1. Cäsar überrascht die Helvetier durch seine Effizienz

```
─ Helvetii,
    ─ cum id
        ─ quod ipsi
          ─ confecerant
        ─ ut
          ─ transirent
    ─ illum fecisse intellegerent
─ mittunt.
```

2. Übersetzung:
Die Helvetier, durch dessen plötzliche Ankunft überrascht, schickten Gesandte zu ihm, weil sie sahen, dass er an einem einzigen Tag das fertig gebracht hatte, was sie selbst mit Mühe und Not erst an 20 Tagen zuwege gebracht hatten, nämlich den Fluss zu überschreiten.

Übung D 6 S. 88

	Struktur	Satz
a)	HS – NS – NS – NS	Satz 1
b)	NS – NS – NS – HS	Satz 3
c)	NS – HS – NS – NS – NS	Satz 5
d)	HS – NS – NS – NS – NS	Satz 6
e)	HS – NS – NS – NS – NS	Satz 7
f)	HS – NS – NS – NS – HS	Satz 2
g)	HS – NS – NS – NS – NS – HS	Satz 9
h)	HS – NS – NS – NS – NS	Satz 8
i)	HS – NS – NS – NS	Satz 4

Übersetzung:

1. Vom guten Gebrauch der Zeit
Wir wollen also den loben und zur Zahl der Glücklichen rechnen, der die Menge der Zeit, die ihm beschieden ist, richtig „angelegt hat" (wörtlich: dem die Zeit richtig angelegt worden ist).

2. Die Einwohner von Kroton versprechen sich viel vom Maler Zeuxis
Sie glaubten nämlich, dass er, wenn er sich darin besonders bemühte, worin er am meisten leisten könnte, dass er ihnen ein herausragendes Werk in jenem Heiligtum hinterlassen würde.

3. Cicero ist enttäuscht über die Entwicklung des Staates
Weil aber der Staat, auf den all mein Sorgen, Denken und Werke sich zu richten pflegte, durchaus keiner mehr war, verstummten natürlich jene Worte auf dem Forum und im Senat.

4. Der Unterschied zwischen fahrlässiger und vorsätzlicher Tat
Aber bei aller Ungerechtigkeit gibt es einen sehr großen Unterschied, ob Unrecht aus irgendeiner Verwirrung des Geistes, die meist kurz und auf den Augenblick beschränkt ist, oder mit Bedacht und Absicht geschieht.

5. Unterschiedliche Äußerungen von Philosophen zur Bestimmung von „gut" und „böse"
Nachdem das Fundament der Philosophie auf die Abgrenzung der Begriffe von Gut und Böse gelegt worden ist, haben wir in fünf Büchern diese Stelle geklärt, dass eingesehen werden kann, was von jedem und was gegen jeden Philosophen gesagt wird.

6. Der Mensch erinnert sich, woher er kommt
Daraus ergibt sich jenes, dass derjenige Gott erkennt, der sich gleichsam erinnert, woher er stammt.

7. Wenn Freundschaft ausgenützt wird
Große und meist auch begründete Zerwürfnisse entstehen dann, wenn von Freunden etwas, was nicht richtig ist, verlangt wird, dass sie entweder als Diener der Begierde oder als Helfershelfer zum Unrecht herhalten sollen.

8. Weg und Ziel sind nicht zu trennen
Diese Erwartung wirst du in einer einzigen Sache sehr leicht bestehen, wenn du dir dies vorgenommen hast, dass man sich in den Eigenschaften bemühen muss, mit welchen man sich diese Verdienste verschafft –, Verdienste, deren Ruhm du schon immer geliebt hast.

9. Dass andere dasselbe getan haben, ist keine Entschuldigung
Wenn einer, der vor Gericht geführt worden ist, behauptet, dass andere dasselbe getan haben, obwohl er auf frischer Tat ertappt wird, so wird es jenem (dem Verres) bei einer derartigen Sache und solchen Sitten nicht an Beweisen fehlen.

a) (Vgl. dazu unter b)!)
b) Satzschema

Satz 1: Cäsar verhindert den Abzug der Helvetier

```
─ Interea ea legione
    ┌─ quam
    └─ habebat
─ militibusque
    ┌─ qui
    └─ convenerant
─ a lacu
    ┌─ qui
    └─ influit
─ ad montem Iuram
    ┌─ qui
    └─ dividit
─ perducit
```

Satz 2: Cäsar nutzt das Unwetter zur einer List

- Postero die Caesar operibus
  - quae
    - facere instituerat
- magno coorto imbri ... arbitratus
  - quod
    - videbat
- versari iussit et
  - quid
    - fieri vellet
- ostendit

Satz 3: Numitor erkennt Romulus und Remus als seine Enkel

- Numitor ... dictitans
  - cum
    - avocasset
  - postquam
    - vidit
- extemplo advocato concilio
  - ut
    - geniti ... educati ... cogniti essent
- ostendit

Satz 4: Der Staat ist auf Ungerechtigkeit gebaut, behauptet Philus

- Suscepit enim Philus
  - qui
    - sentirent ... geri non posse
- purgans ...
  - ne ... ipse
    - sentire crederetur
- egitque
  - ut
    - conaretur ostendere

Satz 5: Jeder Organisation liegt ein Plan zugrunde

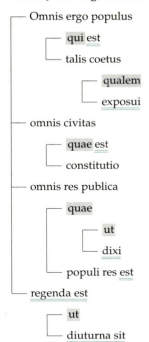

Satz 6: Hannibal – von Jugend an ein Feind der Römer

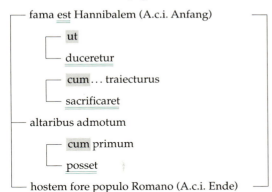

c) Übersetzung:

1. Inzwischen ließ er von der Legion, die er mit sich führte, und den Soldaten, die aus der Provinz zusammengekommen waren, vom Genfer See, der in die Rhône abfließt, bis zum Jura, der das Gebiet der Sequaner von dem der Helvetier trennt, einen 19 Meilen langen und 16 Fuß hohen Damm und einen Graben ziehen.

2. Als am folgenden Tag der Belagerungsturm herangerollt und die Schanzwerke, die Cäsar hatte anlegen lassen, fertig waren und am folgenden Tag ein starker Regen einsetzte, ließ er in der Meinung, dass das Unwetter nicht ungünstig sei, um einen Plan zu fassen, weil er sah, dass die Wachen auf der Mauer etwas sorgloser verteilt waren, auch seine Leute lässiger ihre Schanzarbeit verrichten, und machte deutlich, was er wollte.

3. Als Numitor, der in der ersten Verwirrung immer wieder sagte, dass die Feinde in die Stadt eingedrungen seien und das Schloss angegriffen hätten, die wehrfähige Mannschaft auf die Burg gerufen hatte, um sie mit bewaffneter Gewalt zu halten, nachdem er sah, dass die Jugend nach vollbrachter Mordtat auf ihn zukam um zu gratulieren, da hielt er ihnen in einer sofort einberufenen Versammlung die Verbrechen seines Bruders gegen ihn, die Herkunft seiner Enkel, wie sie gezeugt, wie sie aufgezogen, wie sie aufgefunden worden waren, die Ermordung des Tyrannen dann und seine Mithilfe dabei vor Augen.

4. Philus selbst nämlich nahm die Diskussion derer auf, die meinten, dass der Staat ohne Ungerechtigkeit nicht geführt werden kann, indem er besonders rechtfertigte, dass er selbst dies nicht zu denken glaubte, und er warf sich absichtlich als Anwalt auf für die Ungerechtigkeit gegen die Gerechtigkeit dadurch, dass er zu beweisen suchte, dass dies nützlich sei für den Staat.

5. Jedes Volk also, welches die Ansammlung einer Menge von der Art ist, wie ich sie beschrieben habe, jede Bürgerschaft, die die Organisation eines Volkes ist, jeder Staat, der, wie ich sagte, die Sache des Volkes ist, muss nach einer gewissen Planung regiert werden, damit er beständig ist.

6. Es gibt eine Geschichte, dass Hannibal als fast neunjähriger Junge seinem Vater Hamilkar kindlich das Versprechen abgeschmeichelt habe, dass er nach Spanien mitgenommen werde; als er nach Beendigung des Afrikanischen Krieges Opfer darbrachte, um dorthin überzusetzen, sei er (Hannibal), zum Altar geführt, unter der Berührung der Opfer durch einen Eid bestimmt worden, sobald er könne, Feind des römischen Volkes zu werden.

Übung D 8
S. 95

1. Sulla kann seine Armee nicht in Zucht halten
Die Satzperiode besteht aus vier Sätzen. Der Hauptsatz geht voran. Die zwei Nebensätze werden durch einen Nebensatz mit der Konjunktion quod eingerahmt. Die Einrahmung gibt an, dass die beiden Nebensätze dem einrahmenden Nebensatz untergeordnet sind.

2. Schema:

```
┌─ Huc
└─ adcedebat
    ┌─ quod L. Sulla exercitum
    │   ┌─ quem
    │   └─ ductaverat
    │   ┌─ quo
    │   └─ fidum faceret
    └─ habuerat
```

3. Übersetzung:
Hierzu kam noch, dass Lucius Sulla das Heer, das er in Asien geführt hatte, um es sich dadurch treu ergeben zu machen, gegen die Sitte der Vorfahren üppig und allzu großzügig gehalten hatte.

a) Ein eiskalter Mord Übung D 9
1. Der Hauptsatz umrahmt drei Nebensätze, wobei der zweite Nebensatz in zwei S. 96
   Teile zerfällt.

2. Zwei Nebensätze sind in den Hauptsatz so eingebettet, dass das Subjekt in der
   Mitte zwischen den beiden Nebensätzen zu stehen kommt, das Objekt und das
   Prädikat die beiden Nebensätze umrahmen.

b) Schema:
1.
```
┌── Milo
│    ┌── ut
│    └── cognovit
│    ┌── cum
│    └── futurum (esse) intellegeret, ... esset habiturus
│    ┌── etiamsi subeunda esset
│    └── poena
└── exturbari taberna iussit.
```

2.
```
┌── Cadaver eius in via relictum,
│    ┌── quia servi Clodii
│    └── aut occisi erant aut ... latebant
├── Sex. Teidius senator
│    ┌── qui
│    └── revertebatur
└── sustulit et ... ferri iussit.
```

c) Übersetzung:
1. Sobald Milo erfuhr, dass Clodius verwundet sei, ließ er ihn aus der Taberne treiben, weil er dachte, dass es sogar für ihn gefährlich wäre, wenn dieser lebe, wenn er aber tot sei, er einen großen Trost haben würde, auch wenn er Strafe erleiden müsste ...

2. Seinen Leichnam, der auf der Straße liegen geblieben war, weil seine Sklaven entweder getötet waren oder sich schwer verwundet versteckt hielten, hob der Senator Sextus Teidius auf, der zufällig vom Lande in die Stadt zurückkehrte, und ließ ihn in der Sänfte nach Rom bringen.

Übung D 10
S. 97

1. Das tapfere Sterben des Titus Pomponius Atticus
Markiert und in die Tabelle eingetragen müssen sein:

Satz	Konjunktion	Prädikat
1. NS	ut	videretur migrare
2. NS	cum	oraret atque obsecraret
3. NS	ne	acceleraret et reservaret
4. NS	quod	cogeret
5. NS	quoniam	posset superesse

2. Satzschema

```
─ Hac oratione habita constantia vocis atque vultus,
    ┌─ ut
    └─ videretur migrare,
    ┌─ cum quidem Agrippa eum
    └─ oraret atque obsecraret,
       ┌─ ne id,
       │    ┌─ quod natura
       │    └─ cogeret
       ├─ ipse acceleraret et
       │    ┌─ quoniam
       │    └─ posset superesse,
       └─ reservaret,
─ depressit.
```

Übersetzung:
Nachdem er diese Rede gehalten hatte mit fester Stimme und Miene, sodass es schien, dass er nicht aus dem Leben, sondern von Haus zu Haus wandern würde, unterdrückte er das Flehen durch konsequentes eigenes Schweigen, als freilich Agrippa ihn unter Tränen und Küssen bat und beschwor, das, was die Natur erzwinge, nicht auch selbst für sich zu beschleunigen und sich den Seinen und sich zu erhalten, da er dann den Umständen nach überleben könne.

a) Sollen die Catilinarier hingerichtet werden?

Übung D 11
S. 98

1.
- Consul
  - ubi
    - cognovit
- dispositis praesidiis
  - ut res atque tempus
    - monebat
- convocato senatu
- refert
  - quid
    - fieri placeat
      - qui
        - traditi erant

2.
- Tum D. Iunius Silanus primus sententiam rogatus,
  - quod
    - consul designatus erat,
- de iis,
  - qui
    - tenebantur
- et praeterea de L. Cassio, P. Furio, P. Umbreno, Q. Annio,
  - si
    - deprehensi forent,
- decreverat.

b) Übersetzung:

1. Als der Konsul diese Vorbereitungen erkannt hatte, berichtete er vor versammeltem Senat nach Verteilung der Posten, wie es Umstände und Lage erforderten, was man mit diesen zu tun gedenke, die in Haft gegeben worden waren …

2. Da hatte D. Iunius Silanus, als Erster nach seiner Meinung befragt, weil er zu dieser Zeit gewählter Konsul des nächsten Jahres war, entschieden, dass die, die im Gefängnis gehalten wurden und zu diesen Cassius, Furius, Umbrenus und Annius, wenn sie gefasst würden, hinzurichten seien.

Übung D 12
S. 98

1. **Die Reaktion auf die „Himmelfahrt" des Romulus**
   – Der **große Rahmen** umschließt den ganzen Satz:
     Romana pubes sedato tandem pavore … tamen velut orbitatis metu icta maestum aliquamdiu silentium obtinuit.
     Ein **kleiner Rahmen** wird gebildet durch den *etsi*-Satz:
     etsi satis credebat patribus …
     sublimem raptum procella,

– Der **AmP** *sedato tandem pavore* im Hauptsatz und der **A.c.i.** *sublimem raptum (esse) procella* im *etsi*-Satz erschweren die Übersetzung bzw. die Analyse.

2. Satzschema:

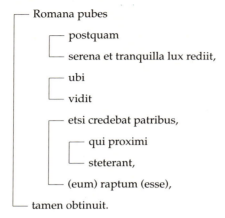

```
─ Romana pubes
    ─ postquam
        ─ serena et tranquilla lux rediit,
    ─ ubi
        ─ vidit
    ─ etsi credebat patribus,
        ─ qui proximi
            ─ steterant,
        ─ (eum) raptum (esse),
─ tamen obtinuit.
```

Übung D 13
S. 99

Die Aufgaben des Richters

1. a) Das erste *et* verbindet *de his* und *(de) ceteris ... tractatibus*, die zwei anderen *et* (sowohl – als auch) knüpfen *nos ... conabimur* und *recensebimus* aneinander.

b) Die Konjunktionen der Nebensätze, die Sie vielleicht eingerahmt haben, sind:

cum
quid
quae.

2. a) In hac causa, |de qua tu ambigis|, optimus est |qui petit|, |unde petitur| deterrimus et res est inter duos acta sine testibus.

3. a) Eas igitur et credas ei |qui petit|, condemnesque eum |de quo petitur|, |quoniam, sicuti dicis| duo pares non sunt et |qui petit| melior est|.

2. b) Satzschema

```
─ in hac causa
    ─ de qua tu
        ─ ambigis
─ optimus est
    ─ qui
        ─ petit
    ─ unde
        ─ petitur
─ deterrimus et
─ res est acta.
```

3. b)

```
┌── eas igitur et credas ei
│       ┌── qui
│       └── petit
└── condemnesque eum
        ┌── de quo
        └── petitur
        ┌── quoniam
        │       ┌── sicuti
        │       └── dicis
        ├── duo pares non sunt et
        │       ┌── qui
        │       └── petit
        └── melior est.
```

c) Übersetzung:

1. Über diese und weitere Abhandlungen von dergleichen richterlicher Verpflichtung werde ich später, wenn ich Zeit haben werde, teils versuchen meine Ansicht auszusprechen, teils die Vorschriften des Aelius Tubero über die Pflicht des Richters, die ich neulich gelesen habe, erklären.

2. In diesem Prozess, über den du im Zweifel bist, ist der, welcher die Klage stellt, der Beste, der, gegen den ein Anspruch erhoben wird, (aber) ein ganz schlechter Mensch, und die Sache ist zwischen beiden ohne Zeugen abgeschlossen worden.

3. Du sollst gehen und dem glauben, der die Forderung stellt, und den verurteilen, von welchem gefordert wird, weil sie beide nicht, wie du sagst, gleich sind, sondern derjenige, welcher die Forderung stellt, besser ist.

Lösungen Teil E

Übung E 1
S. 103

1 a)
1. Schritt: Eigennamen
Graecia – Graeciae

2. Schritt: Substantive
philosophia – tanto in honore – contentionibus dissensionibusque – huius generis laudem – in hanc urbem – studio atque industria – maiores nostri.

philosophia = Philosophie,
contentio dissensioque = Auseinandersetzung und Erörterung } **Sachgebiet: Philosophie**

in hanc urbem = in diese Stadt, maiores nostri = unsere Vorfahren: Rom

b)
3. Schritt: Prädikatsgruppen
Unterstrichen sind <u>Verben der 1. Person</u>:
- abest
- scribi contra nos <u>nolimus</u>: 1. Person!
- id etiam maxime <u>optemus</u>: 1. Person
- numquam fuisset
- viguisset
- <u>hortor</u>: 1. Person: also Rede, Brief oder Dialog
- facere id possunt
- laudem iam languenti Graeciae eripiant et
  perferant in hanc urbem ... reliquas omnes ... transtulerunt

c) Übersetzung:
... es ist weit gefehlt, dass wir nicht wollen, dass gegen uns geschrieben wird, dass wir es sogar sehr wünschen. Denn in Griechenland selbst wäre die Philosophie niemals in solchem Ansehen gestanden, wenn sie nicht in den Diskussionen und Meinungsverschiedenheiten der weisesten Männer kräftig gelebt hätte. Deshalb fordere ich alle auf, die dazu fähig sind, dem schon ermatteten Griechenland den Ruhm auch in diesen Dingen zu entreißen und ihn in unsere Stadt zu bringen, wie unsere Vorfahren schon allen anderen (Ruhm), soweit es wünschenswert war, mit Eifer und Fleiß übernommen haben.

Thema in etwa:
Philosophie in Griechenland und Rom

2 a)
1. Schritt: Eigennamen
kein Eigenname

2. Schritt: Substantive
perfectus orator = der perfekte Redner   ⎫
exempla bene dicendi = Beispiele der Redekunst ⎬ **Sachgebiet: Rhetorik**

b)
3. Schritt: Prädikatsgruppen
- propria his bona adiecerit
- suppleat quae deerant
- circumcidat si quid redundabit
- erit
- quem <u>quaerimus</u>: 1. Person!
- consummari potissimum opporteat
- supersunt
- sunt
- contigerunt
- erit
- superasse, posteros docuisse dicantur

c) Übersetzung:
Wer aber diesem eigenes Gute hinzufügt, sodass er, was fehlt, ergänzt, entfernt, wenn etwas zu viel ist, der ist der vollkommene Redner, den wir suchen: Dieser sollte gerade heute zu höchster Vollendung gelangen können, da heute so viel mehr gute Beispiele der Redekunst zur Verfügung stehen, als sie jenen, die bis jetzt die größten sind, vorhanden waren. Denn auch dies wird ihr Ruhm sein, dass man ihnen sagt, sie hätten ihre Vorgänger übertroffen, den Nachfolgern ihr Wissen überliefert.

Thema:
Die vielen Verben geben einen Hinweis darauf, dass es sich um eine Tätigkeitsbeschreibung des Redners handelt.

3 a)
1. Schritt: Eigennamen
kein Eigenname

2. Schritt: Substantive
Ambitio – in pectore – in lingua – amicitias inimicitiasque – ex re – magisque voltum quam ingenium bonum – contagio quasi pestilentia – civitas inmutata – imperium

ambitio = Ehrgeiz
amicitia = Freundschaft
inimicitiae = Feindschaft   } **Sachbereich: Staat**
civitas = Staat, Bürgerschaft
imperium = Herrschaft

b)
3. Schritt: Prädikatsgruppen
- multos mortalis falsos fieri **subegit** aliud clausum ... aliud promptum habere
- amicitias inimicitiasque aestumare
- magisque voltum quam ingenium bonum habere
- crescere
- vindicari
- invasit
- crudele intolerandumque factum (est)

c) Übersetzung:
Der Ehrgeiz veranlasste viele Menschen, falsch zu werden, anders im Herzen zu denken als mit Worten zu bekennen, Freundschaften und Feindschaften nicht nach ihrem Wesen, sondern nach dem äußeren Vorteil abzuschätzen, mehr auf die Fassade zu achten als auf die gute Sinnesart. Anfangs breiteten sich diese Fehler nur allmählich aus, zuweilen schritt man noch dagegen ein; als dann aber die Fäulnis wie eine ansteckende Seuche um sich griff, da wandelte sich die ganze Bürgerschaft, und aus der gerechtesten und besten Herrschaft wurde eine grausame und unerträgliche.

Thema:
Die vielen von *subegit* abhängigen Infinitive lassen darauf schließen, dass es um den Einfluss von *ambitio* auf das Verhalten der Menschen im Staat geht.

4 a)
1. Schritt: Eigennamen
Gallicus – Anienis (Fluss in Latium, der durch Rom fließt)

2. Schritt: Substantive
Dictator – tumultus Gallici causa – iustitium – sacramento – ingenti exercitu – ab urbe – in citeriore ripa Anienis – castra – pons – timoris indicium – proelia – de occupando ponte – incertis viribus

Dictator = Diktator
iustitium = Einstellung aller Rechtsgeschäfte
sacramentum = der Soldateneid   } **Sachgebiet: Militär-, Kriegsbereich**
ingens exercitus = ein mächtiges Heer
castra = das Lager
proelium = die Schlacht

b)

3. Schritt: Prädikatsgruppen
- iustitium edixisset
- iuniores sacramento adegit
- castra posuit
- in medio erat
- ne timoris indicium esset
- crebra erant
- nec ... discerni poterat
- qui potirentur

c) Übersetzung:
Als der Diktator wegen des Kampfes mit den Galliern die Einstellung aller Rechtsgeschäfte angeordnet hatte, ließ er alle Jüngeren den Soldateneid ablegen und stellte, nachdem er mit einem riesigen Heer von der Stadt aufgebrochen war, das Lager auf dem diesseitigen Ufer des Anienis auf. Eine Brücke war in der Mitte, wobei keine der beiden Parteien sie abriss, um nicht ein Zeichen von Furcht zu geben. Es gab häufige Auseinandersetzungen um die Besetzung der Brücke, und wegen der unsicheren Kräfte(verhältnisse) konnte nicht klar entschieden werden, wer sich der Brücke bemächtigte.

Thema:
Schlachtbeschreibung der Kämpfe mit den Galliern in Rom.

Übung E 2 — S. 105

1 a)
Quibus rebus cognitis = nachdem dies in Erfahrung gebracht war

b) principes Britanniae – post proelium – ad Caesarem – et equites et naves et frumentum – Romanis – paucitatem militum – ex castrorum exiguitate – sine impedimentis – Caesar – legiones – rebellione facta – frumento commeatuque – rem – in hiemem – reditu – belli inferendi causa – in Britanniam

c) Der nächste Satz beginnt mit *Deshalb*... Der Problemsatz muss also die Erklärung dafür enthalten, warum die *principes Britanniae* nach Bekanntwerden der Vernichtung von Cäsars Schiffen eine Rebellion planten.

Hinweise auf die Gründe ergeben sich durch die A.c.i.-Blöcke:
et equites et naves et frumentum Romanis deesse intellegerent et paucitatem militum ex castrorum exiguitate cognoscerent

Übersetzung:
Nachdem dies in Erfahrung gebracht war, glaubten die Fürsten Britanniens, die zu Cäsar gekommen waren, und die sich untereinander besprochen hatten, dass es das Beste sei, nach der Anzettelung eines Aufstandes die Unsrigen von der Getreidezufuhr und der Verpflegung abzuschneiden und die Sache in den Winter hineinzuziehen, weil sie darauf vertrauten, dass, nachdem diese besiegt oder ihnen der Rückzug abgeschnitten sei, niemand mehr später, um Krieg zu führen, nach Britannien kommen werde.

2 a)
Namque = deshalb
post illa tempora = danach

b) rem publicam – honestis nominibus – populi iura – pars – senatus auctoritas maxima – pro sua... potentia

c) Im darauf folgenden Satz ist von beiden Parteien die Rede. Der mit *namque* eingeleitete Satz muss also das Verhalten beider Parteien *post illa tempora* schildern. Einen wichtigen Hinweis geben auch die korrespondierenden Pronomina: *alii – pars* (häufig bei Sallust, statt: *alii – alii*)

Übersetzung:
Denn, um mit wenigen Worten die Wahrheit zu sagen: Seit jener Zeit kämpften alle, die das staatliche Leben in Unruhe versetzten, unter ehrenhaften Namen; die einen taten so, als wollten sie des Volkes Rechte verteidigen, die anderen, als wollten sie das Ansehen des Senates möglichst steigern – das Allgemeinwohl schützten sie vor, und jeder kämpfte doch nur für den eigenen Einfluss.

3 a)
Nam: Der Problemsatz muss also eine Erklärung dafür enthalten, dass das Leben eigentlich Vorbereitung auf den Tod ist.

b) A voluptate – a corpore – a re familiari – ministra et famula corporis – a re publica – a negotio omni – animum – animum – a corpore

c) Durch das *aber* im Nachsatz wird etwas Neues eingeführt. Er hilft uns also nicht weiter. Auffällig aber ist im Problemsatz die immer gleiche Formulierung mit *a* (*a voluptate – a corpore*).
Zusammen mit der Prädikatsgruppe *sevocamus animum* ergibt sich daraus die Grundstruktur des Satzes.

Übersetzung:
Denn, was tun wir anderes, wenn wir die Seele von der Lust, das heißt vom Körper, wenn wir sie vom Vermögen, das die ergebenste Dienerin des Körpers ist, wenn wir sie vom Staat, wenn wir sie von jedem Geschäft wegrufen, was, sag ich, tun wir anderes als die Seele zu sich selbst zu rufen, sie zwingen, bei sich zu sein, und sie am meisten vom Körper fern zu halten.

a)

konkret		abstrakt
sapientia		
Klugheit, Verstand	Einsicht, Weisheit	Philosophie
ratio		
Rechnung, Berechnung	Art, Weise	Verstand, Theorie, Vernunft

Übung E 3
S. 108

b) Übersetzung:
Ein weiser Mann führte einst die Menschen, die verstreut übers Land oder versteckt in den Wäldern gelebt hatten, auf eine bestimmte Weise an einem Ort zusammen und lehrte sie alles Nützliche und Ehrenwerte. Zuerst protestierten sie wegen des Ungewohnten, dann aber hörten sie wegen seiner vernünftigen Argumente eifriger zu, und er machte sie aus wilden Ungeheuern zu gesitteten menschlichen Wesen. Auch ich glaube, dass die Weisheit, die nicht stumm und sprachlos ist, die Menschen von ihrer Gewohnheit abbringt und sie zu einer anderen Lebensweise führt.

Übung E 4
S. 109

1. Eine böse List des Ambiorix

a) Unwahrscheinlich als passende Bedeutung sind z. B.: gerichtlich verfolgen, aufführen, feierlich veranstalten.

b) de condicionibus inter se agunt = sie verhandeln (verhandelten) über die Bedingungen untereinander

c) Übersetzung:
Inzwischen wurde er, während sie untereinander die Bedingungen verhandelten und von Ambiorix absichtlich ein längeres Gespräch eingeleitet wurde, nachdem er immer weiter umstellt worden war, getötet.

2. Verhandlungen

b) quae Ambiorix cum Titurio egerat = was Ambiorix mit Titurius verhandelt hatte

c) Übersetzung:
Nachdem die Möglichkeit dazu geboten worden war, brachten sie dasselbe vor, was Ambiorix mit Titurius verhandelt hatte.

3. Belagerung

a) agere = hier: heranbewegen

b) Turres testudinesque agere = Belagerungstürme und hölzerne Schutzdächer voranschieben

c) Übersetzung:
Die Feinde machten sich daran, mit lautem Geschrei, als ob der Sieg schon errungen und sicher sei, die Belagerungstürme und Schutzdächer heranzuschieben und auf Leitern den Wall zu ersteigen.

4. Cäsars List

b) cum simulatione timoris agi iubet = er befahl, dass mit der Vortäuschung von Angst verfahren werde (dass Angst vorgetäuscht werde)

c) Übersetzung:
Cäsar ... befahl, den Befestigungswall auf allen Seiten zu erhöhen, die Tore zu verbarrikadieren, bei der Arbeit möglichst viel hin und her zu rennen und Angst vorzutäuschen.

Übung E 5
S. 111

Cäsars Text lautet:
Germani post tergum clamore audito cum suos interfici viderent, armis abiectis signisque militaribus relictis se ex castris eiecerunt, et cum ad confluentem Mosae et Rheni pervenissent, reliqua fuga desperata magno numero interfecto reliqui se in flumen praecipitaverunt atque ibi timore, lassitudine, vi fluminis oppressi perierunt.

Übersetzung:
Als die Germanen das Geschrei auch hinter ihrem Rücken hörten und sahen, wie ihre Leute niedergehauen wurden, warfen sie die Waffen fort, ließen ihre Feldzeichen im Stich und stürzten aus dem Lager davon. An dem Zusammenfluss der Maas und des Rheins angekommen, gaben sie die Hoffnung auf weitere Flucht auf. Als viele von ihnen getötet waren, stürzten sich die Übrigen in den Fluss und ertranken dort, von Schrecken, Erschöpfung und der Gewalt des Stromes überwältigt.

Stichwortverzeichnis

Abgrenzung von Haupt- und Nebensatz   22f.
Abl. abs. = Kurzform für Ablativus absolutus
  = AmP vgl. dort
Ablativ mit Partizip   31ff., 46, 57
  als Baustein   58f.
  Normalstellung/Rahmen-, Klammer-
  stellung   60
  Pseudoklammerstellung   60f.
  Voranstellung oder Nachklappen eines
  Satzteils   62f.
  als Überleitung und Adverbiale   58
  Übersetzung   57, 130
A.c.i. (Accusativus cum infinitivo)   31ff.
  Auslassung von *esse*   34
  Funktion und Signale   32ff.
  Pronomina   35f.
  Übersetzung   37, 127
  Verben mit A.c.i. und N.c.i   125f.
  Zeitverhältnisse   33, 37, 126
A.c.i. als Baustein   38ff.
  Pseudoklammerstellung   41f.
  Normal-, Rahmen-, Klammerstellung   38ff.
  Voranstellung oder Nachklappen eines
  Satzteils   43ff.
Adjektive als Attribut   14
Adverbiale, adverbiale
  Bestimmung   12ff., 20, 46, 69
  Arten der adverbialen Bestimmungen   12f.
  Stellung im Satz   13
AmP = Kurzform für Ablativ mit Partizip
  vgl. dort
Appositionen   14ff.
Attribute   14ff.
  Arten von Attributen   14f.
  Sperrung von Attribut und Substantiv   15
  Stellung im Satz   15
  Anapher, s. Stilfiguren   15

Beziehungen
  zwischen Prädikat und Objekt   10, 29
  zwischen Prädikat und Subjekt   9f., 29
Bezugswort   49, 52, 69

Dativus auctoris   68
Demonstrativpronomina s. Pronomina
Doppelkonjunktionen   24

Eigennamen   102
Ellipse, s. Stilfiguren   34
Ergänzungen, notwendige   10f., 55, 62

Fragesätze, indirekte   76
freie Angaben   12, 48, 55, 63

G

Gedankenführung in lat. Texten   101
Genitivattribut   14, 24
Grundstruktur des lateinischen Satzes   7f., 11

H

Hyperbaton, s. Stilfiguren   15

Infinitive   33, 37, 69f., 126
Interrogativpronomina und -partikel   75f.

Kausalsatz   57
Klammerstellung   9ff., 17, 38ff., 50, 60
KNG-Angleichung
   (Kasus – Numerus – Genus)   14
Konjunktionen   22ff., 104, 131ff.
   gleichordnend = satzverbindend   23, 24, 73
   unterordnend = satzteilverbindend
   23, 73, 131ff.
Konnektoren   73
Kontext   21, 63, 100, 104ff., 107

Lesebewegung vom Lateinischen ins
   Deutsche   18
Lesedurchgänge   28
Lesen, bewusstes   101

nd- Formen   66, 130
   als Prädikat   67f.
   als Substantiv oder Adjektiv   69
   Unterscheidung von Gerundium und
   Gerundiv   66
Nebensatzarten   74f.
Normalsatz, lateinischer   9ff., 13, 16, 17
notwendige Satzteile   12
nicht notwendige Angaben   12, 48, 55

Objekt   10

Partizipformen   128
Partizipialkonstruktionen   46ff., 128
   Häufung   64
Participium coniunctum in anderen Kasus   56
Participium coniunctum   15, 31ff.
   Übersetzung   48, 49, 128f.
Participium coniunctum als Baustein   50ff.
   Ergänzung/Erweiterung   46
   Normal-, Klammer-, Rahmenstellung   50
   Pseudoklammerstellung   51ff.
   Voranstellung oder Nachklappen eines
   Satzteils   54f.
   Zeitverhältnisse zum Prädikat   46, 128
Personalpronomina, s. Pronomina
Possessivpronomina, s. Pronomina
Prädikat und Objekt als Bausteine   10
Prädikatsgruppe   10, 49, 102
Präpositionaler Ausdruck   11f., 102
Pronomina   22ff., 49, 104
   Demonstrativpronomina   36, 75
   Personalpronomina   36
   Possessivpronomina   36
   Reflexivpronomina   35
   Relativpronomina   23, 75f.

Rahmenstellung 9ff., 17, 30, 38ff., 60
Reflexivpronomina, s. Pronomina
Reihenfolge der Übersetzung 94
Reihung von Satzteilen/Sätzen 24ff.
Reihungen, asyndetische 24
relativer Satzanschluss 75
Relativpronomina, s. Pronomina
rhetorische Wortstellung 17ff.
    Endstellung der adverbialen
        Bestimmung 20
    Endstellung des Objekts 19
    Umstellung von Subjekt und Prädikat 18
    Voranstellung der adverbialen
        Bestimmung 20
    Voranstellung des Objekts 19

Satzanfang, Satzende als Schwerpunkte des
    Satzes 9, 10, 17, 23, 43, 61, 73
Satzergänzung 10f., 15
Satzerweiterungen 12, 15
Satzgefüge 22
Satz im Kontext 100
Satzkern 8
Satzperioden 72f.
    übersichtliche 77
    kombinierte 93
Satzreihung vgl. Reihung von Satzteilen/
    Sätzen 24ff.
Satzüberleitung 13, 22ff., 58, 79, 83
satzwertige Konstruktionen 31
Satzzeichen 23, 72f., 83
Schachtelsätze/-perioden 82, 93
    einfache 82
    ineinander verschachtelte
        Nebensätze 86
    durch Nebensätze mehrmals
        unterbrochener Hauptsatz 90
   Schwerpunkte des Satzes 10, 17

Sinneinheit 14, 29, 102, 110
Spannungsbogen des Satzes 10
Stilmittel 15
    Hyperbaton (Sperrstellung) 15
    Anapher 24
    Ellipse 34
Subjekt und Prädikat, am Anfang
    und Ende des Satzes 9ff.
syntaktische Struktur 17

Temporalsatz 49, 57, 74f., 130
Textbefragung 107ff.
    mehrdeutige Wörter 107ff.
Trennung gleichartiger Satzteile 22ff., 24

Überprüfung des Verständnisses durch
    Fragen 110f.
Übersetzungsprozess/-strategie 100ff.

Verben, einwertige, zweiwertige, dreiwertige
    s. Wertigkeit von Verben

Wertigkeit von Verben 11
Wiederholung als Stilfigur, s. Stilmittel,
    Anapher 24

Z

Zeitverhältnis
    beim A.c.i. 33, 37, 126
    bei Partizipialkonstruktionen 46, 57

Mentor Abiturhilfen für die Oberstufe.
Die haben's drauf.

Deutsch

Texte analysieren und interpretieren
Arbeitstechniken und Methoden (63526-3)

Wissen und Strategien fürs Abitur (63528-X)

Lektüre • Durchblick (ca. 40 Bände)
Deutsche Schullektüren knapp und klar erklärt:
Inhalt, Hintergrund und Interpretation

Neue Rechtschreibung (für Umsteiger)
Multimedia-CD-ROM (63534-4)
Schautafel DIN A0 (63533-6)

Englisch

So bestehe ich das Abitur
Lerntechniken, Arbeitsmittel,
Trainingsklausuren (63556-5)

Lektüre • Durchblick (ca. 5 Bände)
Englische Schullektüren knapp und klar erklärt:
Inhalt, Hintergrund und Interpretation

Latein

Übersetzen mit System
Mehr Erfolg mit der richtigen Technik (63599-9)

Physik

Mechanik (63665-0)

Elektrizität und Magnetismus (63666-9)

Relativitätstheorie, Atom- und Kernphysik (63667-7)

Physik: Mechanik
Experimentieren & Verstehen
Multimedia-CD-ROM (63664-2),
ausgezeichnet mit dem digita-Preis '98!

Chemie

Chemie, Aufbauwissen (2 Bände)
Allgemeine u. anorganische Chemie (63680-
Organische Chemie (63681-2)

Mathematik

Lineare Algebra und Analytische Geometrie (63650-2)

Analysis (3 Bände)
Funktionen, Grenzwerte, Stetigkeit (63645-6
Differenzialrechnung, Exponential-
und Logarithmusfunktion (63646-4)
Integralrechnung (63647-2)

Stochastik (63649-9)

Endspurt zum Abitur
(Neubearbeitung in Vorbereitung)

Biologie

Immunität, Sexualität, Blutkreislauf (63689-8

Zellbiologie (63690-1)

Stoffwechselbiologie (63691-X)

Genetik (63692-8)

Neurobiologie (63693-6)

Verhaltensbiologie (63694-4)

Evolutionsbiologie (63695-2)

Ökologie (63696-0)

Biologica (alte Rechtschreibung)
Faszination Biologie multimedial
CD-ROM (63700-2)

(ISBN-Vorspann zur Bestellnummer: 3-580-)

**Und alles selbstverständlich in neuer Rechtschreibung.
Fragen Sie in Ihrer Buchhandlung danach!**

Mentor — Eine Klasse besser.